JN192317

すべての子どもを
算数好きにする
「データの活用」の

「しかけ」と「しこみ」

山本良和
[編著]

子どもの心に「こだま」する
算数授業研究会
[著]

東洋館出版社

　2017年8月，本研究会は『すべての子どもを算数好きにする「しかけ」と「しこみ」』（東洋館出版社）を発刊し，算数授業づくりに対する我々の考えを世に問うた。この算数授業の「しかけ」と「しこみ」という概念は，短期的な視点からの算数授業づくりと長期的な視点からの算数授業づくりという2つの視点を示したものである。毎時間の算数授業で教師が期待する素直な子どもの姿を必然的に引き出す手段が「しかけ」であり，その「しかけ」によって実際に現れた子どもの姿を肯定的に評価し，価値付けていくことが次時以降の学びの「しこみ」となるという捉えである。

　本書は，その「『しかけ』と『しこみ』」シリーズの第2弾であり，新学習指導要領で新設された「Dデータの活用」領域に焦点を当てた。この「Dデータの活用」領域では，身の回りの事象をデータから捉え，問題解決に生かす力，データを多面的に把握し，事象を批判的に考察する力の育成が目指される。このような「数学的な資質・能力」は，言うまでもなく単発の授業で育つものではない。小学校では低学年から高学年にかけて計画的かつ系統的に指導していくことで育成していくことになる。つまり，統計的な問題解決の過程を支える「数学的な資質・能力」は，本研究会が提案する「しこみ」なしには育成できない。

　そこで本書では，全学年の「Dデータの活用」領域の授業実践例を「基礎編」と「活用編」に分けて紹介した。「基礎編」では，統計的な問題解決に必要な知識や技能を習得する過程における「しかけ」と「しこみ」の具体を，「活用編」では，習得した基礎・基本を総合的に，あるいは教科横断的に活用する授業における「しかけ」と「しこみ」の具体を示した。なお，これらの授業実践例では，掲載した資料やデータをそのまま使って授業ができるようにしているが，読者の皆様のクラスの実態に応じてアレンジして使っていただいてもよい。「しかけ」と「しこみ」のある算数授業の具体をぜひ体験していただきたい。

　ところで，新学習指導要領に準拠した算数の教科書はまだ発刊されていない。しかし，そんな今だからこそ，本研究会は自由な発想で「Dデータの活用」領域の授業を追究してきた。まず，教師である我々自身が学びに向かう力・人間性を出力したのが本書である。我々の提案が読者の皆様にとって参考になれば幸いである。

　2018年6月

[著者代表] 尾形　祐樹

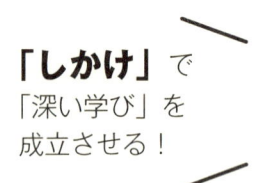

・・・・・・・・・・・・・・・・・・・・・・・・・・・・・・・・

「しこみ」で
学び方，考え方，
態度を評価！

I章

「データの活用」領域でこそ大事にしたい「しかけ」と「しこみ」

「しかけ🔍」と「しこみ🔧」

① 算数の授業づくりにおける 「しかけ」と「しこみ」

　本研究会では，算数の授業づくりを支えるものとして，「しかけ」と「しこみ」という手立て及び考え方を提案している（※1）。

　まず，「しかけ」とは，1時間の授業の中で教師が意図的に仕組む手立てのことである。子どもの問題意識を引き出す，問題意識を深める，あるいは，子ども同士の対話を必然的に生み出すことを目的として，当該授業だからこそ設定する具体的な教材の提示の仕方や数値設定，場の設定，子どもに与える教具等に工夫を凝らす。

　一方，「しこみ」は，単元内，単元間，あるいは小学校6年間といった長いスパンで意識して取り入れる授業づくりの手立てである。子どもが算数的な問題意識を抱くのは，1時間レベルの「しかけ」だけによるものではない。その授業まで継続的に指導してきた「しこみ」によって本時の「しかけ」が効果的に機能し，必然的に子どもの問題意識が引き出されたり，深まったりしているのである。「しこみ」は，日々の算数授業の中で，子どもが算数の教材に対して働きかけようとしている姿や，友達の考えにかかわろうとしている姿を価値付けることなのである。

　なお，毎時間設定する「しかけ」は次時以降の算数の学びにとっての新たな「しこみ」となるきっかけでもある。だから，「しかけ」と「しこみ」は表裏一体の関係にある。

　その関係は下図のように表すことができる。

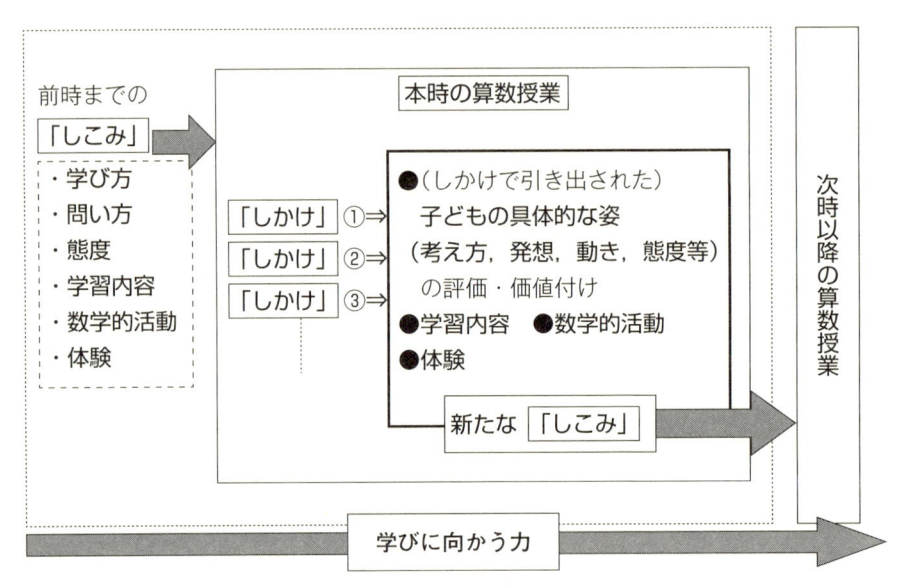

「しかけ」と「しこみ」の関係図

② 「データの活用」領域で育む 「数学的に考える資質・能力」

　本書では，そんな「しかけ」と「しこみ」を「データの活用」領域の授業に焦点をあてて提案する。

　「Ｄデータの活用」領域は，現行の学習指導要領の「Ｄ数量関係」領域の中の統計的な内容が新学習指導要領で新たな領域として独立したものである。これまでの算数授業でも表やグラフに整理したり，読み取ったりする学習が行われてきたことを考えると，領域名が変わったことで一体何が変わるのだろうかと疑問に感じるところもある。

　新学習指導要領では，「データの活用」領域のねらいを次の３つに整理している。

・目的に応じてデータを集めて分類整理し，適切なグラフに表したり，代表値などを求めたりするとともに，統計的な問題解決の方法について知ること
・データのもつ特徴や傾向を把握し，問題に対して自分なりの結論を出したり，その結論の妥当性について批判的に考察すること
・統計的な問題解決のよさに気付き，データやその分析結果を生活や学習に活用しようとする態度を身に付けること

　この中，「統計的な問題解決の方法について知ること」は，現行の学習指導要領でも間違いなく扱ってきた。いわば，「データの活用」の基礎・基本である。しかし，「問題に対して自分なりの結論を出したり，その結論の妥当性について批判的に考察すること」や「データやその分析結果を生活や学習に活用しようとする態度を身に付けること」という点はそれほど重視されてこなかったと言える。これらは「データの活用」の基礎・基本である統計的な問題解決の方法を子どもたちが自分事として用いたときに達成されるねらいであり，実際に活用してみるという体験が「データの活用」の授業では大事になるということを意味する。

　だからこそ，新学習指導要領では，「データの活用」領域で働かせる数学的な見方・考え方として「日常生活の問題解決のために，データの特徴と傾向などに着目して捉え，根拠を基に筋道立てて考えたり，統合・発展的に考えたりすること」と記されている。つまりこれは，「データの活用」の基礎・基本を日常生活場面や他教科の学習に活用することで引き出され，子どもに意識付けられる見方・考え方なのである。

　そこで，本書では，第１学年から第６学年までの「データの活用」領域の学習内容について，基礎編と活用編に分けてそれぞれの具体的な授業像を提案することにした。特に基礎編では，実際に活用できる「データの活用」の基礎・基本を獲得する学びのあり方を示すことを目的とした。そのため，例えば第５学年の「百分率とグラフ」では，割合の観点でデータを扱う意義について考える授業もあえて載せることにした。「データの活用」領

域の学習を支える基礎・基本とは何かということを示すとともに，これが本書で提案する「しこみ」として大事な意味をもっているからである。

　ところで，新学習指導要領では，「データの活用」領域の内容に関しては，次のような2つの枠組みにまとめて示されている。

・目的に応じてデータを収集，分類整理し，結果を適切に表現すること

・統計データの特徴を読み取り判断すること

　言い換えれば，これらの内容を通して「データの活用」領域だからこその「数学的に考える資質・能力」を育成しているということである。

　まず，「目的に応じてデータを収集，分類整理し，結果を適切に表現する」ということは，それ自体が統計的な問題解決活動を表しており，子どもが問題解決をすることを通して「問題⇒計画⇒データ⇒分析⇒結論」という一連の統計的探究プロセスを実感的に体験することをねらっている。つまり，「問題意識や解決すべき事柄に対して，統計的に解決可能な問題を設定し，設定した問題に対して集めるべきデータと集め方を考え，その計画に従って実際にデータを集め，表などに整理したうえで，集めたデータに対して，目的やデータの種類に応じてグラフにまとめたり，統計量を求めるなどして特徴や傾向を把握し，見いだした特徴や傾向から問題に対する結論をまとめて表現したり，さらなる課題や活動全体の改善点を見いだしたりするという一連のプロセス」を，他教科の学習や子どもの生活に関する事柄の問題解決に使えるようになることや活用してみようとする態度が，「データの活用」領域で育成する「数学的に考える資質・能力」の一つだということである。

　一方，「統計データの特徴を読み取り判断すること」で育成される「数学的に考える資質・能力」は，データを分析した結果として導き出した結論について，多面的・批判的に考察できるようになることを指す。統計的な問題解決の特徴は，結果が一意に定まらないところにある。例えば，データからその特徴や傾向を捉えたとしても結論を断定できない場合もあれば，捉え方次第で結論が異なるということもある。このとき，最初に設定した問題やその解決のために集めたデータやその集め方，あるいは分析として用いた表やグラフなど，統計的探究プロセスを振り返り，結論について異なる観点や立場などから多面的に捉え直す，あるいは結論に誤りや矛盾がないかという結論の妥当性について批判的に考察することが求められる。統計的な問題解決を通して，多面的・批判的に考察できるようになること，これが「データの活用」領域で育成するもう一つの「数学的に考える資質・能力」なのである。

　ただ，このような「数学的に考える資質・能力」は，その具体を明確に意識できていなければ効果的な指導はできない。そこで，本書では具体的な題材の統計的探究プロセスの中で，次の表のような子どもの姿を引き出すことを意図して授業づくりを行うことを提案する。これらはすべて具体的な子どもの姿，反応であり，実際の授業に現れたかどうかが

	低学年	中学年	高学年
問題	・～はどれだろう？ ・～はだれだろう？ ・～はどこだろう？ ・～はいくつだろう？ ・～はいくらだろう？	・～は本当だろうか？ ⇒仮説検証 ・～はなぜだろう？ ⇒仮説生成	・～は本当だろうか？ ⇒仮説検証 ・～はなぜだろう？ ⇒仮説生成 ・～はどれだけ（の範囲）だろう？
計画	【観点】いつ？　　どこで？　　だれを？　　何を？ 【方法】どのような方法で？ ・アンケートを作る（自由記述？　選択肢？） ・統計資料を探す（どこで？　何を使って？） ・試行実験する　・測定する　・計測する　等		
データ	質的データ 量的データ	質的データ 量的データ 時系列データ	質的データ 量的データ 時系列データ
分析	・比べたい ・ちがいをみたい ・分けたい ・まとめたい ・並べたい 　（縦に，横に，大⇒小） ・そろえたい（めもり） 絵グラフ，表	・比べたい ・分けたい ・まとめたい ・並べたい 　（順番に，時系列に） ・重ねたい ・変わり方をみたい ・そろえたい（めもり） 二次元表，棒グラフ， 折れ線グラフ	・比べたい ・分けたい ・まとめたい ・並べたい ・方法（グラフ，表）を決めたい（選びたい） ・変わり方をみたい ・そろえたい（平均，割合） 帯グラフ，円グラフ， ドットプロット， 柱状グラフ，度数分布
結論	・やっぱり～が一番多い 　（大きい，長い……） ・もう1回調べたい ・きっと～になるにちがいない	・～より～が～だけ多い 　（大きい，長い……） ・やっぱり～の変わり方が大きい ・別のことを調べてみたい ・きっと～になるにちがいない ・本当にそうかな？ ・これじゃわからない	・～（データ，根拠）だから，～だと言える ・本当にそのように決めていいのかな？ ・これじゃわからない ・この調べ方でよかったのかな？ ・もっと他の資料を見てみないと…… ・もう1回調べ直したい

「データと活用」領域の授業における「数学的に考える資質・能力」の具体（「しこみ」）

はっきりわかる。つまり，「数学的に考える資質・能力」の評価の観点にもなっている。

　なお，データのところには，データの種類という意味から質的データ，量的データ，時系列データと表記した。「質的データ」は，例えば自由記述のアンケートに書かれる文字

情報のようなデータである。観点を決めてそれぞれの質的データをカテゴライズして集計して分析することになる。「量的データ」は，例えばソフトボール投げの結果のように最初から数で表現されるデータである。記録された数値を分析し，表やグラフに表していく。「時系列データ」は，例えば各月の平均最高気温のように時間変化に沿って得られるデータであり，時間経過に伴う変化や傾向が分析対象となる。

③ 「データの活用」領域で大事にしたい 「しかけ」と「しこみ」

　「データの活用」の授業における「数学的に考える資質・能力」の育成には，表の中に示したような子どもの姿を肯定的に評価し，価値付けていくことが欠かせない。ただし，偶然そのような子どもの姿が現れたというのでは，計画的に指導することができない。だからこそ「しかけ」によって価値ある子どもの姿を確実に引き出し，その姿を価値付けることで次時以降の学習の「しこみ」として蓄積していく。

　具体的に示す。第6学年の「資料の整理」の題材として「1分間の感覚調べ」を扱った。子ども一人ひとりが自分の1分間の感覚をストップウォッチで試すのである。

【問題】問題意識「ほんと？」を引き出す「しかけ」と「しこみ」

　全員の記録を黒板上に座席の形に合わせて示し，「結果からどんなことがわかりますか」と問うた。

・10秒近くずれている人がいる。　　・50秒台と1分台で大体合っている。
・人によって感覚は違う。　・1分台が多い。　　・クラスで平均すると1分より長い。
・男子の方が女子よりいい感覚をもっている。

　この時点での素直な気づきである。ただ，事実として言い切れるものと，はっきりしないものがある。「男子が女子より良い感覚をもっている」というのは本当かということが問題となった。誰のデータかわかるように示した黒板上での配置のし方が「しかけ」となって，この問題意識を引き出した。そして，このような問題意識を抱くこと，はっきりさせたいと思う姿を「良い問題だね」「おもしろいところに目をつけたね」と褒めることで「数学的に考える資質・能力」の価値付けをする。これが「しこみ」となる。

【計画】散らばりという視点を引き出す「しかけ」と「しこみ」

　子どもから生まれた問題に対する解決方法を検討するのも子どもである。子どもから現れた素朴な反応は次の通りである。

・数が離れている。　・男子は2人10秒近くずれている。　・計算しないとわからない。
・8秒台と7秒台は男子にいない。　・1分ジャストが女子は少ない。

　ここでも「しかけ」が効いている。つまり「1分間の感覚調べ」という題材そのものが1分を基準とした散らばり具合に対する意識を引き出す「しかけ」なのである。また，「計算しないとわからない」という子どもは，1分を基準として散らばりの時間を計算処理し

ようとしていた。これも場面設定という「しかけ」によって引き出されたものである。

　ここでも教師は，「しかけ」によって引き出された散らばりという子どもの視点を褒め，価値付けて「しこみ」とする。そして何より解決方法がはっきりしない未知の問題に対して子どもなりに分析方法をきめようとする態度を認め，「しこみ」とする。

【分析】階級の設定を意識させる「しかけ」と「しこみ」

　この「1分間の感覚調べ」という題材自体の「しかけ」は，分析する場面でも度数分布の考えを引き出すことにつながった。初めに「1秒毎」の人数を表に整理した。ところが，出来上がった表を見て「バラバラでわかりにくい」と言う。子どもは「1秒毎でいいのかな？」という階級の設定に関する問題意識を抱いた。その後，「2秒毎」と「5秒毎」に分かれて度数分布表を作成したが，より適切な階級を求める姿を引き出したのも最初の「しかけ」による。階級を変えてみようとする考え方は「しこみ」としてしっかり価値付ける。

【結論】批判的に考察する見方を引き出す「しかけ」と「しこみ」

　同じデータでも階級を変えると分布の度合いが変わってくることを実感した子どもから，「大事なのは1分だから，2秒毎の場合は，60秒を中心として59秒以上61秒未満と変えた方がよい」，「だったら5秒毎の方は区切りを4秒毎に変えて58秒以上62秒未満とした方がよい」という新たな案が現れた。「1分間の感覚調べ」という「しかけ」は最後までずっと機能していた。この「しかけ」によって引き出された「分析した結果を鵜呑みにせず，さらに改善しようとする態度」も「しこみ」としてしっかり価値付けることになる。

　この授業例のように，「データの活用」領域における「しかけ」と「しこみ」は，「問題⇒計画⇒データ⇒分析⇒結論」という一連の統計的探究プロセスのどこかに確実に位置付けるものである。ただし，授業によっては「しかけ」と「しこみ」をする過程が異なってくるので，Ⅱ章の実践事例では統計的探究プロセスのどの過程に焦点を当てた実践であるのかがわかるようにしている。

　また，「データの活用」の授業では素材となるデータが特に大事な授業の要素である。上の授業例のように生データで行う授業もあれば，作為的に用意したデータで行う授業もある。それぞれ授業のねらいに応じて使い分けてよいものだが，Ⅱ章の各実践で用いたデータも印刷できるように示しているので使っていただければと思う。そして，「しかけ」と「しこみ」のある「データの活用」の算数授業を体験していただければと思う。

※1　山本良和編著，子どもの心に「こだま」する算数授業研究会著『すべての子どもを算数好きにする「しかけ」と「しこみ」』2017年　東洋館出版社

II章

「データの活用」実践事例

「しかけ」と「しこみ」

1年 どんな花がさくのかな？

●かずしらべ（基礎）

問題 ▶▶ 計画 ▶▶ データ ▶▶ **分析** ▶▶ **結論** ▶▶ 問題

❶ 単元で育てる資質・能力

ものの個数を比べるとき，種類ごとに整理したり，均等に並べたりすると比べられることがわかる。

❷ 指導計画

時	学習内容
1・2	種類や色といった観点によって球根カードを並び替え，植えた花の特徴を調べることができる。

❸ 本時のねらい

ものの個数について，簡単な絵や図などに表したり，それらを読み取ったりし，事象の特徴を捉えることができる。

❹ 板書計画

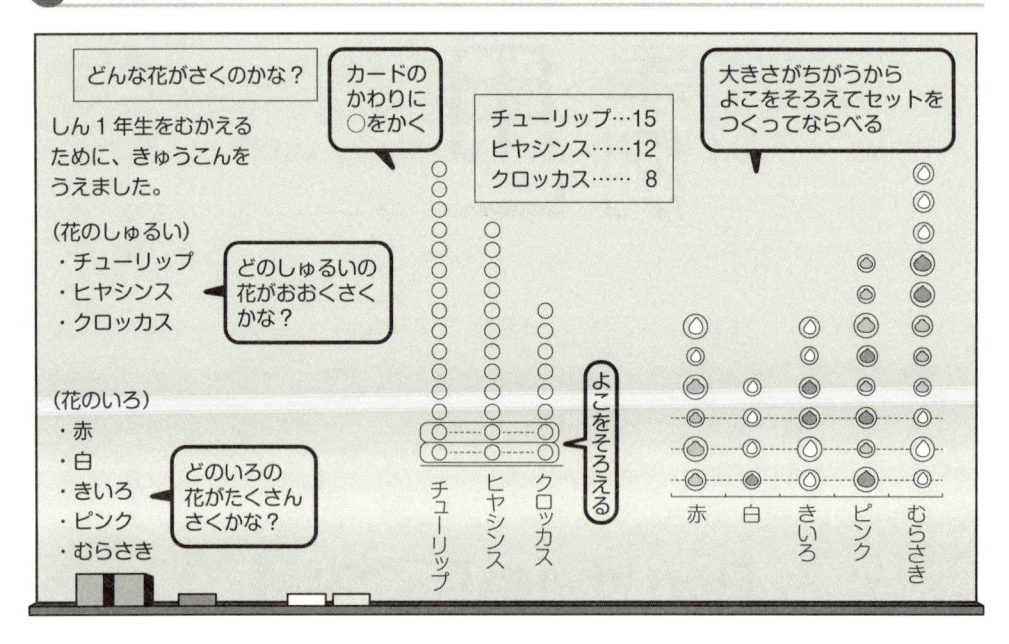

❺ 授業の流れ

【第1時】

①新1年生を迎える準備として，植えた球根の色や種類について話し合う。

4月に入学してくる新1年生のために，みんなで球根を植えましたね

ぼくは，赤のチューリップを植えました

私は，紫色のヒヤシンスの球根を植えたよ

みんな種類や色が違うね

問題 みんなが植えた花はどの花が多いのかな？　知りたいな

問題 何色の花がたくさん咲くのかな？　調べたいな

②問題を調べるために，球根の種類と花の色がわかる球根カードを作る。

球根カードを作り，問題について調べます

【第2時】

③第1時に子どもから出された問いを確認する。観点を決めて，カードを並べる。

どの花がたくさん咲くのかな？　みんなが作った球根カードを黒板に貼って調べましょう

同じ花ごとにカードを集めて，真っすぐ並べると，どの花が多いか比べられるよ

🔑 しかけ 01

生活科と関連させる。新1年生を迎える準備の場面を取り扱う。1年生にとって身近な題材を取り上げ，関心を高める。

🔑 しかけ 02

複数の花の種類と色の球根を扱う。
本実践では，**チューリップ，ヒヤシンス，クロッカス**の3種類の球根を扱った。色は，それぞれ**赤，白，黄色，ピンク，紫**の5色から球根を選んでいる。花の種類や色ごとにまとめる考えを引き出す。実際に球根を植えない場合は，本実践で紹介したデータを基に，②から行う。

🔑 しかけ 03

大きさが違うカードを作る。
厚紙に球根の絵をかいて切り抜く。球根の絵の中に，花の種類の頭文字を書き込む。カードの縁は，花の色で塗る。カードの裏にマグネットを貼る。
子どもによってカードの大きさがバラバラになることから，観点を決めて黒板に並べるとき「そろえて比べる」という考えを引き出す。

大きい球根カードもあるし，小さい球根カードもあるから，並べただけではわからないよ。チューリップ，ヒヤシンス，クロッカスがセットになるように並べないとわからないよ

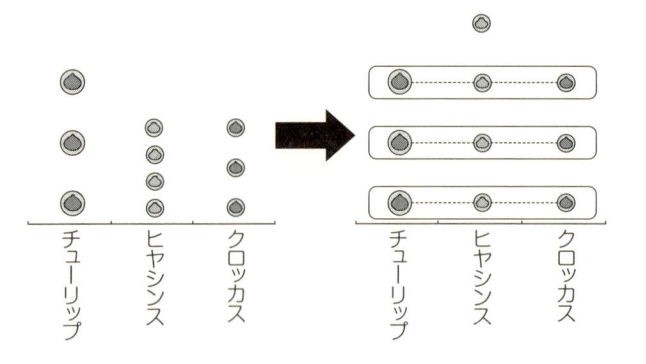

チューリップの高さが一番高いから，チューリップが一番多いね

縦と横をきれいにそろえると，どれが多いか比べやすいね

④③の結果をノートにまとめる。

次は，どの色の花が多く咲くのか知りたいな。色ごとに並べてみたいな

ちょっと待って。並べ替える前にどの花が多いか調べた結果をノートにメモしておきたいです

⑤別の観点でカードを並び替える。

色ごとに並べるとどうなるでしょう。調べてみましょう

紫の花を植えた人が一番多いね。二番目は赤と黄色が人気だね。さっきは，花の種類は何が多いかがわかったけれど，並べ替えると人気の色がわかるね

⚒ しこみ 01

「チューリップ，ヒヤシンス，クロッカスをセットにして並べると数えやすいよ」など，ものの個数を比べるとき，それぞれの個数を数えなくても，1対1対応をすることで個数の多少を判断する態度を価値付ける。

⚒ しこみ 02

「花の種類ごとに集めるとわかる」「縦と横をそろえると比べやすい」など，ものの個数を数えたり比べたりする際，大切にしたい見方・考え方を価値付ける。

⚒ しこみ 03

「色ごとに並べてみたい」など整理する観点を自分で決めて並べ替えようとする態度を価値付ける。

⚒ しこみ 04

数を数えてメモしたり，絵グラフをかいたりする態度を価値付ける。

❻「しかけ」と「しこみ」

🔧 しこみ02

　「球根の絵を全部かくのは大変だから，〇でかいたらどうか」などと子どもからアイディアが出たら取り上げてクラスで共有するとよい。第2学年の簡単な表やグラフの学習につながってくる。

🔍 データ・アンケート

【アンケート】

きゅうこんしらべ

なまえ（　　　　　　　　　　　　　）

　しん1年生を、きれいなお花で　むかえましょう。どの花を　そだてたいですか？
1つ　まるを　つけましょう。

チューリップ	ヒヤシンス	クロッカス
赤の　　　　チューリップ	赤の　　　　ヒヤシンス	赤の　　　　クロッカス
白の　　　　チューリップ	白の　　　　ヒヤシンス	白の　　　　クロッカス
きいろの　　チューリップ	きいろの　　ヒヤシンス	きいろの　　クロッカス
ピンクの　　チューリップ	ピンクの　　ヒヤシンス	ピンクの　　クロッカス
むらさきの　チューリップ	むらさきの　ヒヤシンス	むらさきの　クロッカス

- -

※データは実際にアンケートを取らずに，こちらのデータを使ってもよい。

	赤	白	黄色	ピンク	紫	合計
チューリップ	5	1	3	4	2	15
ヒヤシンス	0	2	1	3	6	12
クロッカス	1	1	2	1	3	8
合計	6	4	6	8	11	35

どんな花がさくのかな？［かずしらべ］　基礎

アサガオのたねを
なんこあげたらいいかな？

かずしらべ（活用）

問題 ▶▶ 計画 ▶▶ データ ▶▶ **分析** ▶▶ **結論** ▶▶ 問題

---

① 本実践の位置付け

・「かずしらべ」の単元後

・他教科との関連：生活科でのアサガオの栽培

時	本実践で育てる資質・能力
1	**分析** アサガオの種の発芽数を集計した結果を基に，発芽した人数が一番多い個数と一番少ない個数に着目して読み取ることができる。
	結論 分析した結果から，「芽が出た数が一番少ない人が5個中2個だから，5個より多い6個あげたほうがよい」等の結論を言うことができる。

---

② 授業の流れ

第1時のねらい

　簡単なグラフから読み取れる情報を基にして，新しい1年生にあげるのに適切なアサガオの種の数を考えることができる。

アサガオのめがでたかず

アサガオのたねをいくつあげたらいいかな？

わかったこと

・めがでたかずがいちばんすくないのは2こ。
・めがでたかずがいちばんおおいのは5こ。
・めがでたかずが2こと3こはおなじにんずう。
・めがでたかずが0こと1このひとはいない。

・たくさんあげたい。
・じぶんたちとおなじ5こ。
・さいてい2こめがでている。
→5こよりおおいほうがよい。
→6？　7？　8？
○うえきばちでそだてる。
・せまくならないようにかずをかんがえる。
・うえきばちなら5こがちょうどいい。
・5こだと2こしかめがでないかもしれない。→　6こあげることにする。

0こ　1こ　2こ　3こ　4こ　5こ

① アサガオの栽培経験について想起する。

アサガオを育てたときのことを思い出してみましょう。どんなふうに育てましたか？

みんな5こずつ，種を植えました

植木鉢で育てました

支柱を立てたり，最後は根っこも一緒にリースにしたりしました

② アサガオの発芽した種の数をまとめたグラフを見て，気付いたことを出し合う。

1年 2年 3年 4年 5年 6年

▼ アサガオのたねをなんこあげたらいいかな？〔かずしらべ〕 活用

アサガオのめがでたかず

	0こ	1こ	2こ	3こ	4こ	5こ
						☺
						☺
						☺
						☺
						☺
						☺
					☺	☺
					☺	☺
					☺	☺
					☺	☺
			☺	☺	☺	☺
			☺	☺	☺	☺
			☺	☺	☺	☺
			☺	☺	☺	☺

しかけ 01

【グラフの見せ方】
発芽数0個や1個もあえて提示し，発芽した種の最小個数を見えやすくする。

芽が出た種の数が一番少ないのは2こです

芽が出た数が一番多いのは5こです

2こ出た人と3こ出た人は同じ人数です

しこみ 01

「一番多い」「一番少ない」「同じ」など多様な見方をしている態度を価値付ける。

 芽が出た数が0の人と1この人はいません

③入学してくる1年生にプレゼントするアサガオの種の個数について話し合う。

 1年生にプレゼントするアサガオの種はいくつがいいと思いますか？

できるだけたくさんあげればいいと思います

 ぼくたちは5こ植えたから同じでいいと思います

一番芽が出ていない人が2こです。それだとかわいそうだから，5こよりも多いほうがいいと思います

 6こか7こがいいと思います

 来年の1年生も君たちと同じように植木鉢を使って育てるそうです

 植木鉢なら5こがちょうどいいと思います

でも，5このうち2こしか芽が出なかったらかわいそうだから，もう少したくさんあげたいです

私は5こ全部芽が出たけれど，すごくたくさん花が咲いていて，植木鉢いっぱいに根が広がっていました。だから，全部が芽を出しても狭くならないのは6こだと思います

④入学してくる1年生にプレゼントするアサガオの種の数を決める。

 植木鉢に植えることを考えると，6こがいいと思います

6こあげれば2こ以上は芽が出ると思うから，6こがいいと思います

しこみ 02
経験だけでなくグラフを活用して意見を述べる態度を価値付ける。

しかけ 02
新たな条件を提示する。データの見方を変える考えを引き出す。

しこみ 03
データの見方を変えて，柔軟に考えようとする態度を価値付ける。

アサガオのめがでたかず

0こ	1こ	2こ	3こ	4こ	5こ
					☺
					☺
					☺
					☺
					☺
					☺
				☺	☺
				☺	☺
				☺	☺
				☺	☺
		☺	☺	☺	☺
		☺	☺	☺	☺
		☺	☺	☺	☺
		☺	☺	☺	☺

※データの取り方
① アサガオの種を1人につき同じ数ずつ配布し栽培させる（今回は1人5個）。
② 発芽の数を児童から聞き取るとともに，教師が確認し，記録しておく。
③ 「☺」を使ってグラフ化し，本時の資料として使用する。

2年 人気の動物は何かな？

●ひょうとグラフ（基礎）

問題 ▶▶ 計画 ▶▶ データ ▶▶ 分析 ▶▶ 結論 ▶▶ 問題

① 単元で育てる資質・能力

身の回りの事象をデータの特徴に着目して捉え，簡潔に表現したり考察したりすることができる。

② 指導計画

時	学習内容
1（本時）	**データを分類整理し，表やグラフにまとめ，考察する。**
2	観点を変えてデータを並べ替えたり，新たにデータを取ったりして再度考察する。また，考察した結果をまとめ，動物園の方に手紙を書く。

③ 本時のねらい

データを分類整理し，簡潔に表現したり，考察したりすることができる。

④ 板書計画

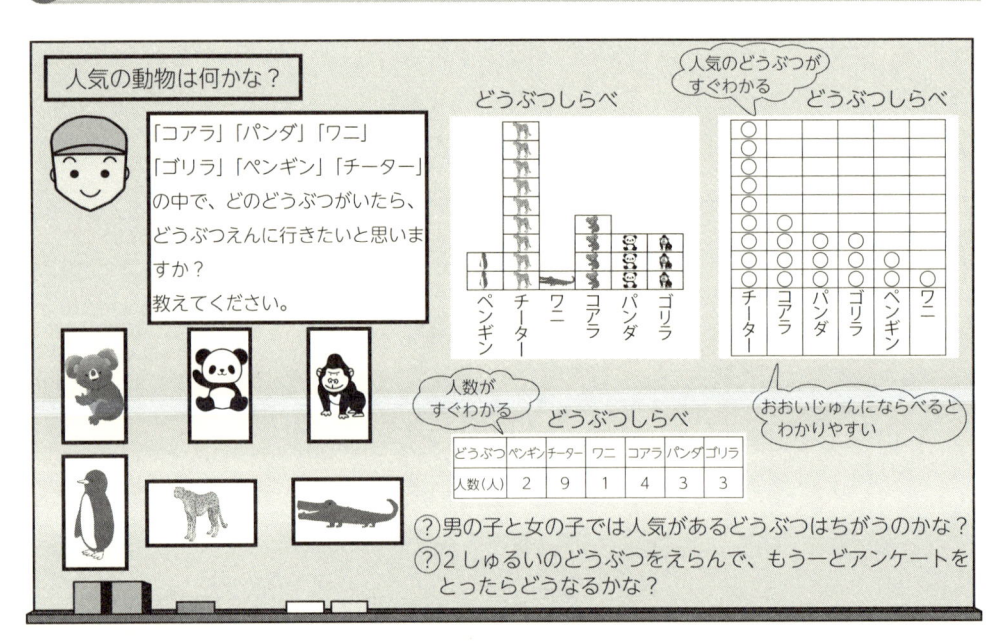

❺ 授業の流れ

①どんな動物が人気があるか予想する。

> 動物園の園長さんからみんなに聞きたいことがあるそうです

> 私たちの動物園には，今「コアラ」「パンダ」「ゴリラ」「ペンギン」「チーター」「ワニ」がいません。この中から，どの動物がいたら，皆さんはまた動物園に行きたいと思いますか？　教えてください。

> ぼくは，チーターがいたらいいな

> 私は，かわいいコアラが見たいな

> クラスのみんなにアンケートを取ったら，どの動物が人気があるかわかるよ

> では，アンケートを取って，その結果を動物園の園長さんに伝えましょう

②動物カードをわかりやすく整理する。

> コアラ，パンダ，ゴリラ，ペンギン，チーター，ワニのカードから１種類いたらいいなと思う動物を選んで，黒板に貼っていきましょう

> 同じ動物ごとに並べて貼ろう

> 動物ごとに横向きと縦向きのカードがあるよ。カードを貼る向きをそろえないと比べられないよ

> 大きさは同じだが，動物によって向きが違うカード

🔑 しかけ 01

身の回りの事象から課題を設定する。
本単元は，遠足で動物園に行った体験を生かした学習となっている。子どもたちの生活場面から課題を設定していくことを目的としている。

🔑 しかけ 02

目的意識をもって問題解決を行う。
データを分析し，動物園の職員の方に伝えるというゴールを設定することで，子どもたちがデータを取る目的意識がはっきりする。目的がある中で，データを扱い，表やグラフに表して分析することを通じて，問題解決を行うことが大切である。

🔑 しかけ 03

縦向きと横向きの動物カードを作成する。
動物のカードを複数枚用意しておく。このカードは，動物によって縦向きか横向きにしておく。カードの向きが違うことで，カードの高さが同じでないと並べても比べられないことに気付かせる。

③表やグラフにまとめる。

アンケートの結果を，動物園の園長さんに伝えるためにわかりやすくまとめましょう

動物の絵を一つ一つかくのは大変だから，〇でかいたらどうかな？

それぞれの動物を選んだ人数を，〇を使って，グラフに表してみましょう

〇の数が多い順に動物を並べると，人気の動物の順番がよくわかるよ

〇のグラフで表すと，どの動物が人気があるか，見ただけですぐわかるね

〇のグラフだと，〇の数を数えないと人数がわからないから，それぞれの動物を選んだ人数を書いたらどうかな？

では，それぞれの動物を選んだ人数を，表で表してみましょう

④さらに知りたいことを話し合う。

アンケートの結果を見て，他に動物園の人に伝えたいことや，さらに調べてみたいことはありますか？

男の子と女の子で人気がある動物は違うのかな？　男女別でそれぞれ人気がある動物を動物園の人に伝えたらどうかな？

私はペンギンが一番いたらいいなと思ったけれど，コアラとも迷いました。1人2種類の動物を選んで，もう一度アンケートを取りたいです

✄ しこみ 01

「〇の数が多い順に動物を並べたい」という子どもの言葉を価値付ける。表を並べ替えることで，よりグラフがわかりやすくなることに気付かせる。3年生の棒グラフの学習につながる考え方である。

✄ しこみ 02

「男女別で並べ替えたい」「もう一度アンケートを取りたい」などといった，観点を変えてグラフをつくり直したり，データを集め直したりする態度を価値付ける。統計的探究プロセスをつくっていく。

⑥「しかけ」と「しこみ」

🔧 しこみ 02

「問題→計画→データ→分析→結論」の段階から成る統計的探究プロセスを大切に扱っていく。特に，新たな問いをつくり，観点を変えてデータを見直したり，新たにデータを収集したりすることを経験させていく。

　動物園にいてほしい動物を第2希望まで取る場合，単純にデータの数だけで人気の動物の順位を決めるだけではなく，第1希望と第2希望の数を考慮して順位を決めることも考えられる。例えば，第1希望で選ばれた動物には2点，第2希望で選ばれた動物には1点と点数化してデータをつくり替えて考えることもできる。

🔍 データ・アンケート

【動物園にいてほしい動物調べ】

動物	ペンギン	チーター	ワニ	コアラ	パンダ	ゴリラ
人数（人）	2	9	1	4	3	3

【参考データ】
男女別データ

動物	ペンギン	チーター	ワニ	コアラ	パンダ	ゴリラ
男子人数（人）	0	6	1	1	1	2
女子人数（人）	2	3	0	3	2	1

第1希望と第2希望のデータ

動物	ペンギン	チーター	ワニ	コアラ	パンダ	ゴリラ
第1希望	2	9	1	4	3	3
第2希望	6	5	3	2	4	2

（第1希望と第2希望のデータをグラフにすると，第1希望だけの順位と入れ替わる。ここが，このデータの面白さでもある。）

わかりやすくあらわそう

2年

● ひょうとグラフ（活用）

問題 ▶▶ 計画 ▶▶ データ ▶▶ 分析 ▶▶ 結論 ▶▶ 問題

❶ 本実践の位置付け

・「ひょうとグラフ」の単元後

・他教科との関連：学級活動・データの収集

時	本実践で育てる資質・能力
1	**分析** 「○の数が多いものが人気だ」と読み取る。「雨の日はどうだろう」「どこで遊ぶのだろう」等，いろいろな見方で考えることができる。
	結論 グラフから一番人気の遊びは読書であるとわかる。また，晴れの日に遊べる遊びと，雨の日に遊べる遊びが異なることに気付き，データを整理し直したいとも考えることができる。
	問題 晴れの日と雨の日それぞれの人気の遊びを知ることで，みんなで楽しめる遊びを考えようとする。
	計画 晴れの日と雨の日で分けた２つのグラフをつくれば，クラスのみんなが楽しめる遊びがわかるだろうと仮定することができる。
	データ グラフをつくり直すことができる。
	分析 晴れの日と雨の日の一番人気の遊びがわかる。一番人気の遊びは本当にみんなが楽しめる遊びかと，批判的に考察することができる。
	結論 データを新たに取り直す必要があると考えることができる。

2 授業の流れ

本時のねらい

　データを整理する観点に着目し，身の回りの事象について表やグラフを用いて考察したり，判断したりすることができる。

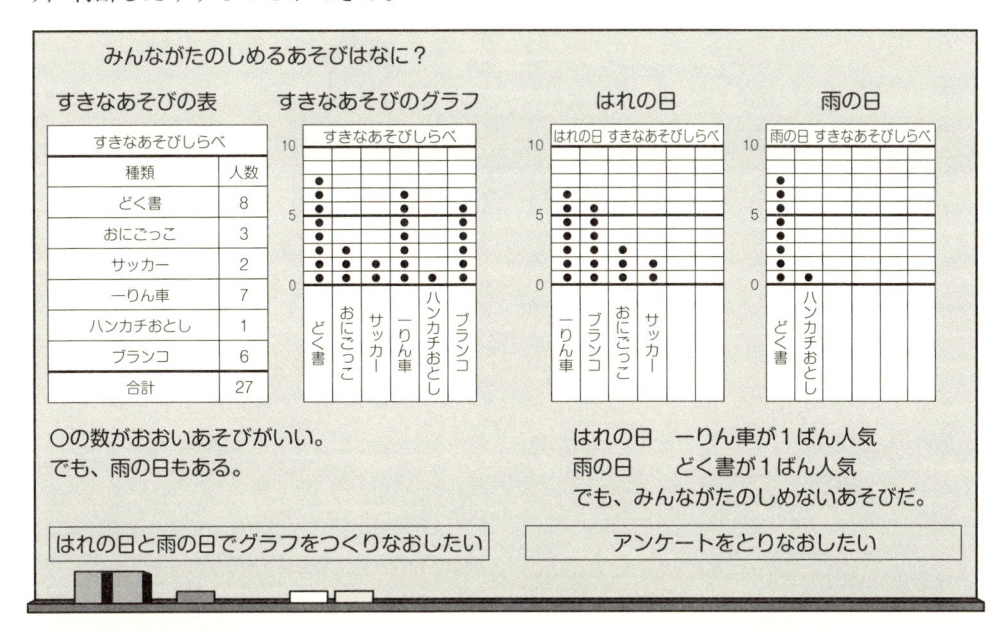

①課題を理解する。

他の小学校でクラス遊びをすることになり，「好きな遊びアンケート」を取りました。どんな遊びをすれば，みんなで楽しめる遊びができるかな？

②グラフを読み取る。

すきなあそびしらべ	
種類	人数
どく書	8
おにごっこ	3
サッカー	2
一りん車	7
ハンカチおとし	1
ブランコ	6
合計	27

資料① / 資料②

みんなで楽しめる遊びをするには，何の遊びをすればいいですか？

🔑 **しかけ 01**

表とグラフを提示する。グラフを提示することで，一番人気の遊びに着目させる。表を提示することで，数値に着目させ，後半の展開（しかけ03）につなげる。

27

 どこで遊べますか？

 休み時間に校庭か教室で遊べます

 ○の数が多い遊びがいいと思います。一番多い遊びは一輪車だね

 でも，一輪車だと，雨の日はどうしたらいいですか？

 晴れの日と雨の日でグラフをつくりなおしたい

③晴れの日と雨の日でグラフをつくり直す。

> はれの日と雨の日でグラフをつくりなおしたい

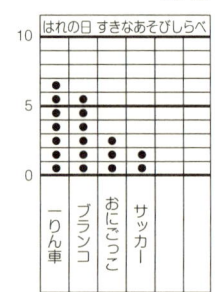 資料③

はれの日 すきなあそびしらべ

縦軸: 10, 5, 0

一りん車／ブランコ／おにごっこ／サッカー

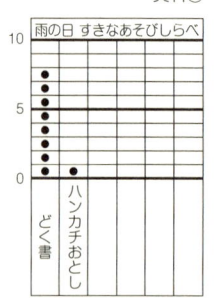 資料④

雨の日 すきなあそびしらべ

縦軸: 10, 5, 0

どく書／ハンカチおとし

④一番人気の遊びがみんなで楽しめる遊びなのか批判的に考察する。

 晴れの日の一番人気の遊びは一輪車だね。晴れの日は一輪車遊びがみんなで楽しめる遊びになるのかな？

 もしかしたら，一輪車の数がたりないかもしれないよ

 一輪車に乗れない子もいるよ

🔧 しこみ 01

「一番多い遊びは～」というデータの数に着目して考える態度を価値付ける。

🔧 しこみ 02

「でも～」というデータを批判的な視点で考察し直す態度や「つくり直したい」という分類整理し直そうとする態度を価値付ける。

🔑 しかけ 02

グラフの○をマグネットにする。「グラフをつくり直したい」「並べ替えたい」という考えを引き出す。

🔑 しかけ 03

人気の遊びの1位を，みんなで遊べない遊びにする。結論を見直したいという考えを引き出す。

🔧 しこみ 03

データの数だけを読み取らせるのではなく，「もしかしたら～」という予想も発表させることで，データを批判的に考察する態度を価値付ける。

 そうだね。じゃあ，雨の日の一番人気の遊びは読書だけど……

読書はみんなで楽しくは遊べないよ。一番人気だけじゃ決められないよ

 一番人気というだけでは，「みんなで楽しく遊べる遊び」は決められない

しこみ 04

「一番人気だけじゃ決められない」という，データを批判的に考察する態度を価値付ける。

 一番人気のある遊びで決めるとだめなこともあるんだね。どの遊びをしたらいいかな？

一番人気ではないけれど，晴れの日は鬼ごっこならみんなで遊べるよ

しかけ 04

ハンカチ落としの数値を極端に小さくする。「本当にこの結論でいいのかな？」という，結論を見直す考えを引き出す。

 じゃあ，雨の日はハンカチ落としならみんなで遊べそうだよ

でも，ハンカチ落としは 1 人だけしか選んでいないよ。みんなで楽しめるかな？

「好きな遊び」のアンケートだと，みんなで遊べない遊びも入っているね

「みんなで楽しく遊べる遊び」でアンケートを取り直したい

しこみ 05

「アンケートを取り直したい」という，結論を見直し，よりよい結論を導き出そうとする態度を価値付ける。

「みんなで楽しく遊べる遊び」アンケートをしたら結果が変わるかも

1年 **2年** 3年 4年 5年 6年

▼ わかりやすくあらわそう［ひょうとグラフ］ 活用

データ

表とグラフ

資料①

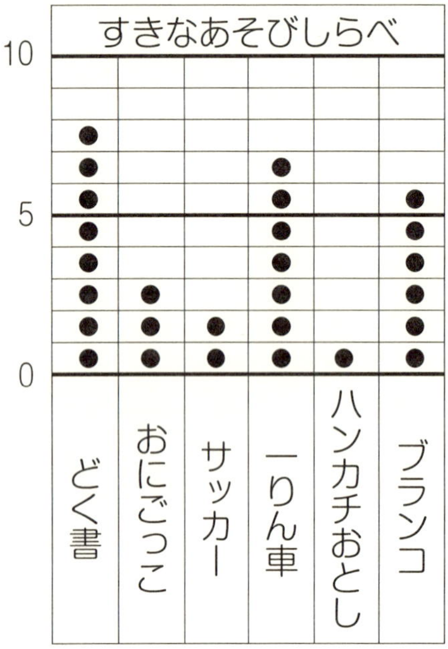

すきなあそびしらべ

ドットプロット（縦軸 0〜10、目もり5）
- どく書
- おにごっこ
- サッカー
- 一りん車
- ハンカチおとし
- ブランコ

資料②

すきなあそびしらべ

種類	人数
どく書	8
おにごっこ	3
サッカー	2
一りん車	7
ハンカチおとし	1
ブランコ	6
合計	27

資料③

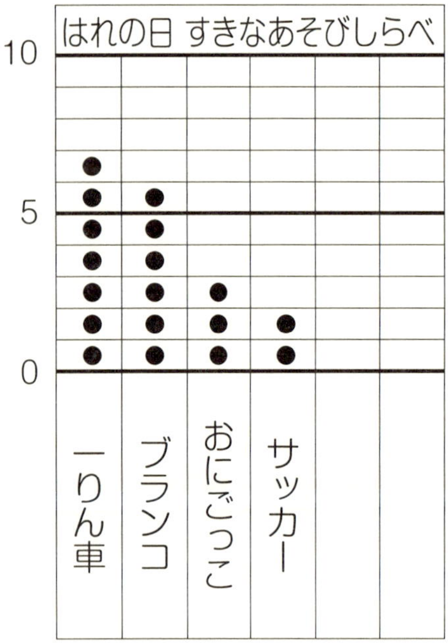

はれの日 すきなあそびしらべ

ドットプロット（縦軸 0〜10、目もり5）
- 一りん車
- ブランコ
- おにごっこ
- サッカー

資料④

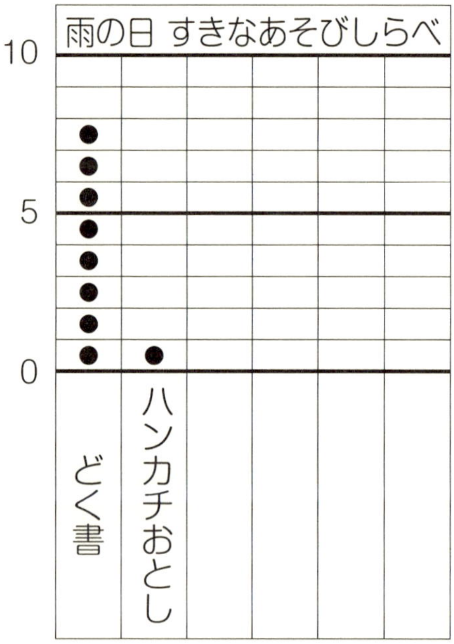

雨の日 すきなあそびしらべ

ドットプロット（縦軸 0〜10、目もり5）
- どく書
- ハンカチおとし

なまえ（　　　　　　　　　　　　　　　）

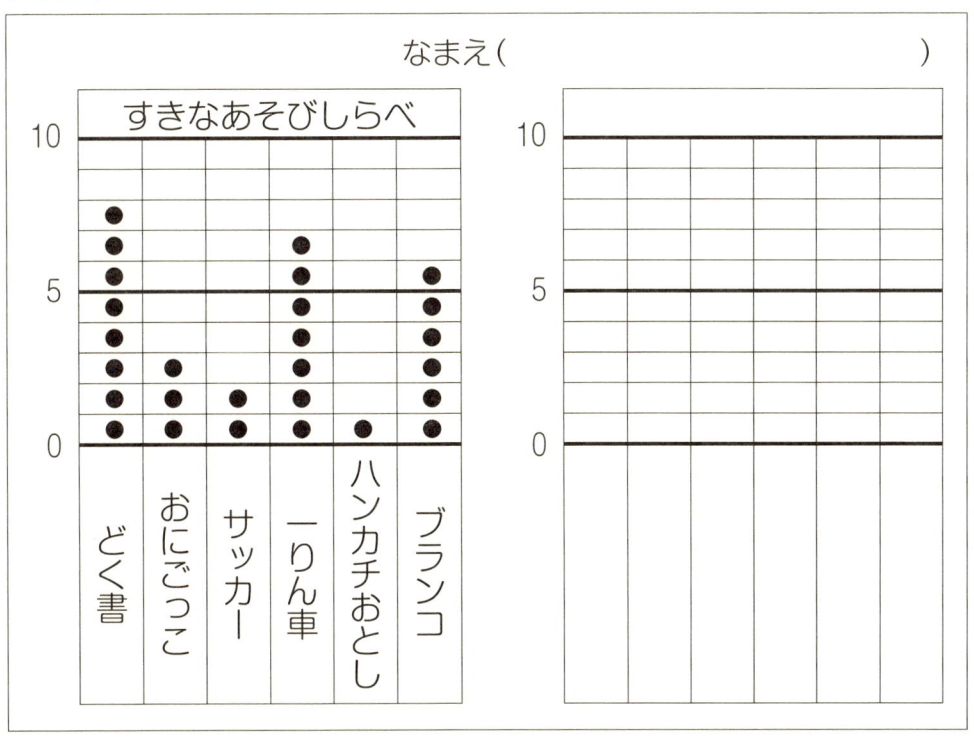

すきなあそびしらべ

	どく書	おにごっこ	サッカー	一りん車	ハンカチおとし	ブランコ

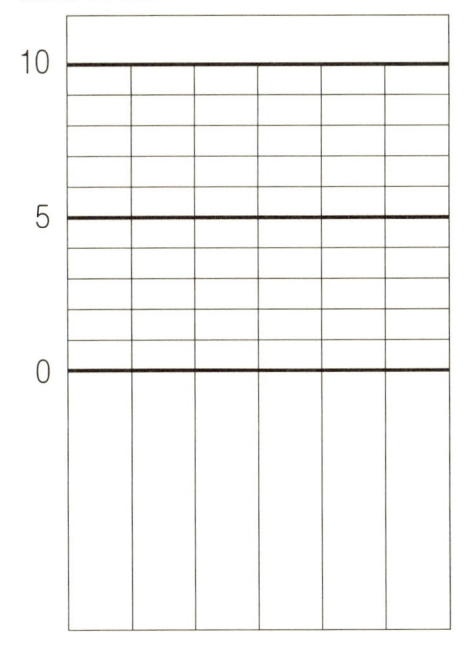

3年

ろう下を走っている人をへらそう

● ぼうグラフと表（基礎）

問題 ▶▶ 計画 ▶▶ データ ▶▶ 分析 ▶▶ 結論 ▶▶ 問題

❶ 単元で育てる資質・能力

　データを整理する観点に着目し，身の回りの事象について表やグラフを用いて考察して，見いだしたことを表現することができる。

❷ 指導計画

時	学習内容
1・2	廊下を走る人を減らしたいという問題設定に対して，何をどうやって調べるのか計画を立てる。 【調査①　3年生の前のろうかを走っている人数と学年】 調査したデータを表に表したり読んだりする。
3・4	【調査②　分担した場所ごとの，廊下を走っている人数と学年】 絵グラフで表す困難さを踏まえた後，棒グラフと比較し，よさに気付く。 棒グラフのかき方を理解し，グラフに表すことができる。
5〜7	【調査③　子ども自身が設定した観点で調査する】 複数の表や複数の棒グラフを組み合わせたグラフを読み取る。 目的に応じた観点や表現方法を選んでグラフに表し，見いだしたことを表現する。

※【調査①②】は休み時間に行う。子どもの必要に応じて適宜【調査③】を実施する。また，国語「話すこと・聞くこと」の単元と教科横断的な扱いをし，わかったことを表現する時間を取る。

❸ 単元に関する「しかけ」と「しこみ」

🔑 しかけ 01・02

　廊下を走っている人を減らしたいという問題意識に対して，単元を通して複数回，統計的探究プロセスのサイクルを回していく。授業の流れでは，「何年生が何人走っているか？」という量的なデータを収集する計画を立てた。他にも場所，学年，日時，曜日，性別，天気，対策（例えば，廊下に折り鶴を置くと走っている人の数は減るのか調査した子どもがいた）など様々な観点で調査計画を立てることができる。また，「どうして走るのか？　どういうときに走るのか？」など質的なデータをアンケート収集する展開も想定できる。

　初めは調査範囲を絞ったデータを基に表やグラフの知識・技能を習得していく。そして，調査計画を見直して広げたり新たな問題設定をしたりして探究のサイクルを回し，習得した知識・技能，考え方を活用させていく。

4 (1)第1・2時のねらい

廊下を走る人を減らしたいという問題設定に対して，何ができそうか，何をどうやって調べるのかなど計画を立て，調査したデータを表に表したり読んだりすることができる。

4 (2)第1時の板書計画

○ろう下を走る人が多くない？
・本当はやめたほうがいい
・けがをしてしまう
・休み時間のはじめ
・雨の日におにごっこしている
・3年生のろう下の前も多い

> どうすれば，ろう下を走る人をへらせるかな？

○へらすためには，どんなこと調べる？
・何人ぐらい走っているかな？
　→数を数える
・何年生が多いか
　→学年で数を数える
　→ポスターにする
・どうして走るのかな？
　→アンケートをとる
・雨の日が多いから注意する
　→晴れの日とくらべる
・おりづるをおくとへる？
　→おく前と後で数をくらべる

○まず……
　3年生のろう下を走る人を調べよう

> 1年……5年……3年……3年……2年……6年……

・数を書く
　1，5，3，3，2，6
・表にする　　・正の字で数える

3年生のろうかを走っている学年

学年	走っている人数（人）
1年	一
2年	
3年	丁
4年	
5年	一
6年	一

1人…… 一
2人…… 丁
3人…… 下
4人…… 下
5人…… 正

4 (3)授業の流れ

①廊下走りの現状や経験について話し合う。

> 廊下を走っている人が多いと感じるんだけど，みんなはどうですか？

> 休み時間が始まったときに走っている人が多いよね

② 「廊下を走る人を減らせるとよい」という目的を共有し，計画を立てる。

> どうすれば，廊下を走る人を減らせるかな？

> そのために調べてみたいことはありますか？

> どうして走るんだろうね

> 何人ぐらい走っているのかな？

🔑 しかけ 01

廊下を走っている現状や問題意識を自由に話させる。
現状の問題意識や改善策などを模造紙などに残しておき，次の統計的探究プロセスのサイクルを回すきっかけにする。

🔧 しこみ 01

「いつ」「だれ」「どこ」「いくつ」など，問題解決につながる様々な視点や観点を決めようとする態度を価値付ける。

 何年生が多いかポスターにするってどう？

雨の日が多そうだよ。外に出られないし

③正の字での数え方，表の意味や表し方を確認する。

　メモの練習をする。教師が学年を書いた紙を順々に見せる。廊下の様子を事前に撮影した動画を流してもよい。

 休み時間に3年生の前の廊下で走ってる人が何人いるか調べてみましょう。まず，メモの練習をします。走っている学年を見せます
| 1年 | …… | 5年 | …… | 3年 | …… | 3年 | …… | 2年 | …… | 6年 | …… |

 速くてうまくメモできない

正の字を使うの見たことあるよ

 表にするといいよ

1人…… 一
2人…… 丁
3人…… 下
4人…… 正
5人…… 正

3年生のろうかを走っている学年

学年	走っている人数（人）
1年	一
2年	
3年	丁
4年	
5年	一
6年	一

④3年生の前の廊下で，休み時間に調査をする（調査①）。

【第2時】

⑤調査の結果から見いだしたことを表現する。

3年生のろうかを走っている学年

学年	走っている人数（人）		人数
1年		1年	0
2年	正 正 一	2年	11
3年	正 正 正 下	3年	18
4年	正 丁	4年	7
5年	正	5年	4
6年	一	6年	1

1年生は2階に来ないんじゃない？

3年生が多いね

 他の場所でも調べてみたい。きっと数が変わる

 じゃあ，場所を変えて調べてみよう（2回目の調査へ。計画を立てる）

🔑 しかけ 02

3年生の前の廊下という限定した場所でデータ収集をする。
調査後の分析の際に，全体の傾向に関しては，これだけではわからない，他の場所も調べたいという統計的探究プロセスのサイクルを回す姿を引き出す。

🔧 しこみ 02

結果を基に，場所などの観点から計画を見直したい，もう一度調査したいという態度を価値付ける。

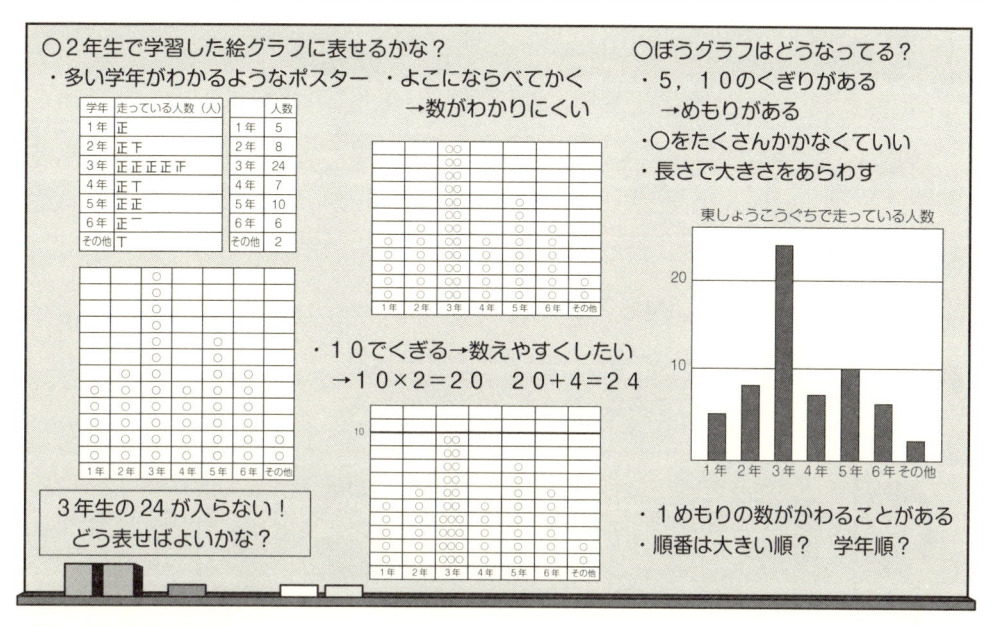

5 (1)第3・4時のねらい

・絵グラフで表す困難さを踏まえた後，棒グラフと比較し，棒グラフのよさに気付く。

・棒グラフのかき方を理解し，グラフに表すことができる。

5 (2)第3時の板書計画

○2年生で学習した絵グラフに表せるかな？
・多い学年がわかるようなポスター　・よこにならべてかく
　　　　　　　　　　　　　　　　→数がわかりにくい

学年	走っている人数（人）
1年	正
2年	正下
3年	正正正正正
4年	正丅
5年	正正
6年	正一
その他	丅

	人数
1年	5
2年	8
3年	24
4年	7
5年	10
6年	6
その他	2

3年生の24が入らない！
どう表せばよいかな？

・10でくぎる→数えやすくしたい
　→10×2＝20　20＋4＝24

○ぼうグラフはどうなってる？
・5，10のくぎりがある
　→めもりがある
・○をたくさんかかなくていい
・長さで大きさをあらわす

東しょうこうぐちで走っている人数

・1めもりの数がかわることがある
・順番は大きい順？　学年順？

5 (3)授業の流れ

①表を絵グラフに表す困難さを共有する。

見やすいポスターにするために，2年生で学習した○のグラフに表せるかな？

東しょうこうぐちで走っている人数

学年	走っている人数（人）
1年	正
2年	正下
3年	正正正正正
4年	正丅
5年	正正
6年	正一
その他	丅

	人数
1年	5
2年	8
3年	24
4年	7
5年	10
6年	6
その他	2

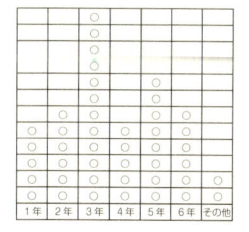

どうすれば多い数を表せる？

3年生が多くて入らないよ！

数が多くてグラフに入らないとき，どう表せばよいかな？

🔑 しかけ 03

表の最大の数が入らず，10や5で区切れていない用紙を配布する。初めは全体で○のグラフの困難さを共有し，問いをつくる。その後の自力解決でそれぞれの工夫を考え，検討場面において数の見方や整理するよさに気付かせる。

基礎

②工夫して絵グラフに表し，全体で共有する

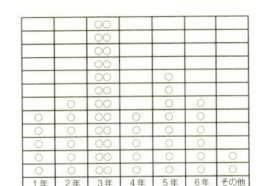 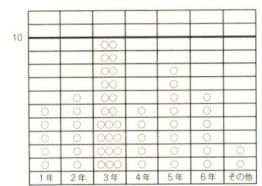

> 3年生が24なのは，数えればわかるけど，すぐにはわかりにくい……

> 10のまとまりがわかるようにしたら，どう？

> 10×2＝20　20＋4＝24
> と見られるね

③棒グラフと絵グラフの違いを考える。

> みんなが工夫しようとしたことを生かしたグラフに棒グラフがあります。教科書を見て，○のグラフとの違いを見つけてみましょう

> 5，10と区切りに線がある

> ○をたくさんかかなくていいから楽

> グラフの長さで大きさを表すんだね

④棒グラフに表し，棒グラフのよさを確認する。

> 棒グラフをかくときに心配なことはありますか？

> 走る人数が多い学年は，1めもりの数をどうすれば入るかな？

> 1めもりを2にすると3年生の24が入る

> 大きい順に表しているグラフが教科書にあるけど，順番はどうしようかな？

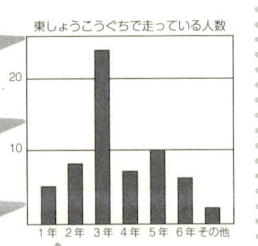
東しょうこうぐちで走っている人数

> 学年順のほうがわかりやすいと思う。だって……

【4時】

⑤分担して調べた場所のデータを棒グラフに表す。

⑥つくった棒グラフを比べ，場所によって違いがあるかなどを話し合う。

🔧 しこみ 03

10のまとまりがわかるようにする，1マスに2つずつ入れるなど，グラフの表し方を工夫して整理しようとする態度を価値付ける。

🔑 しかけ 04

教科書の棒グラフと絵グラフを比較させる。絵グラフとの違いを意識させておくことで，棒グラフの表現のよさに気付かせる。

🔧 しこみ 04

1めもりの数や項目の順番など，目的に応じて棒グラフの表現を決める態度を価値付ける。

6（1）第5時のねらい

・複数の表や複数の棒グラフを組み合わせたグラフを読み取る。

・目的に応じた観点や表現方法を選んでグラフに表し，見いだしたことを表現する。

6（2）第5時の板書計画

〇6つの表から作ったぼうグラフ

ろうかを走っている人数

	1F東	2F東	3F東	1F西	2F西	3F西
	人数	人数	人数	人数	人数	人数
1年	5	4	0	45	14	0
2年	8	10	0	33	45	10
3年	24	30	14	10	12	10
4年	15	25	0	1	0	0
5年	15	8	32	5	0	6
6年	9	2	5	6	6	11
その他	2	0	0	1	0	0
合計	78	79	51	101	77	27

〇自分で何を表したいか決めて，ぼうグラフにしよう

・休み時間の前半と後半を調べた

　→ならべるグラフ

・どこの場所が一番走っている人数が多いか

　→場所が下のグラフ

何をあらわしたグラフかな？

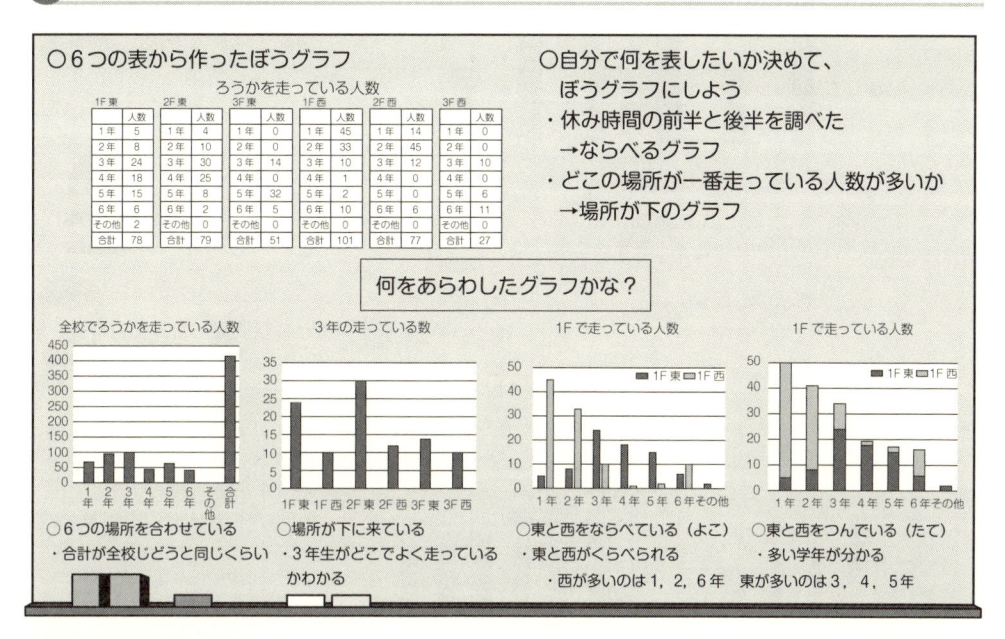

全校でろうかを走っている人数
〇6つの場所を合わせている
・合計が全校じどうと同じくらい

3年の走っている数
〇場所が下に来ている
・3年生がどこでよく走っているかわかる

1Fで走っている人数
〇東と西をならべている（よこ）
・東と西がくらべられる
・西が多いのは1，2，6年

1Fで走っている人数
〇東と西をつんでいる（たて）
・多い学年が分かる
東が多いのは3，4，5年

6（3）授業の流れ

①複数のデータを組み合わせた棒グラフを読み取る。

6つの場所の表から，次のような棒グラフをつくることができます（提示する）

何を表したグラフかな？

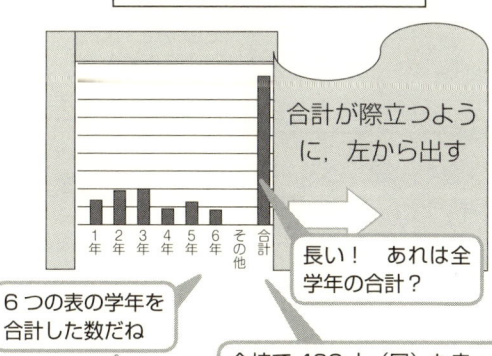

合計が際立つように，左から出す

長い！　あれは全学年の合計？

6つの表の学年を合計した数だね

1めもりの線は50かな？

全校で400人（回）も走っているとは，全校児童に近いよ。このグラフの合計を見ると，走っている人が多いと感じるよ

🔑 しかけ 05

項目や表題をマスキングし，情報不足にしておく。
マスキングを明らかにしようとする際に，複数の表と棒グラフを関連付けて説明させる。

🔧 しこみ 05

「表の……が，棒グラフの……」と，表と棒グラフを関連付けて見いだしたことを表現する態度を価値付ける。

マスキングしたワークシートを配布する。

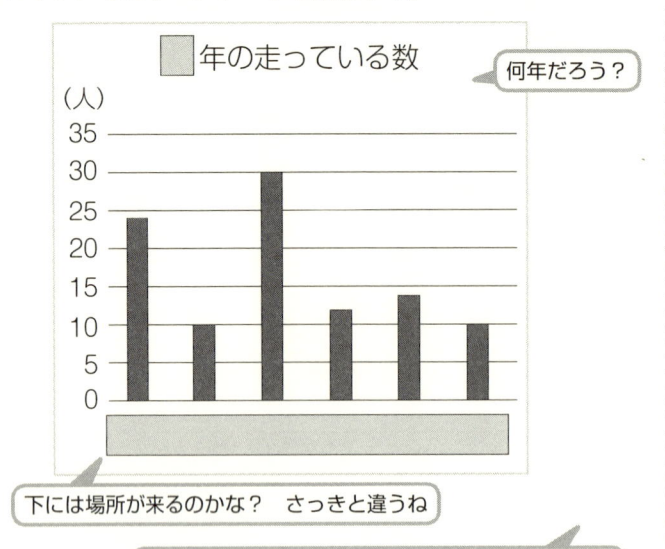

年の走っている数

何年だろう？

下には場所が来るのかな？　さっきと違うね

3年生がどこで多く走っているかわかるグラフだね

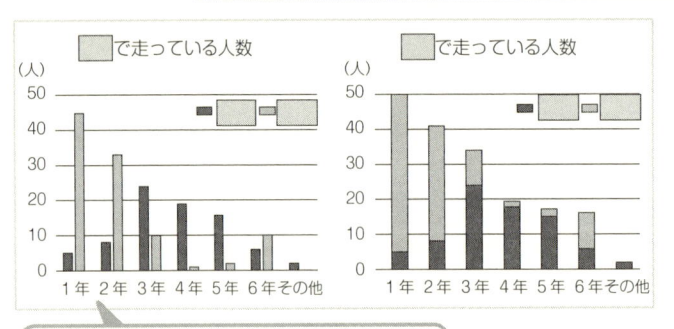

1年生が多いから 1F のグラフだね。
そして，東が 45 人だからオレンジ。西が青

横に並べると，東西
の違いがわかるね

縦に積むと多い学年
がわかりやすい

縦に積むと，4，5 年生のほとんどは西で走って
いることがわかるね（全体の割合を見る）

②各自が決めた観点でグラフに表現する。

廊下走り調査の何を伝えたいかを決めて，グラフ
に表してみよう。どんなグラフをかく？

ぼくは，休み時間の
前半と後半の走る人
数の違いを表すため
に，横に並べるグラ
フにしよう

どこの場所が一番走
っているかを表した
いから，下（横軸）
を場所にしよう

🔑 **しかけ 06**

横軸の項目を変えた棒グラフを提示する。
場所を横軸にした棒グラフを提示し，これまでの学年を横軸にしたグラフと比較させる。

🔑 **しかけ 07**

2 つの要素を横に並べる棒グラフと，積み上げる棒グラフを比較する。
横に並べる棒グラフと積み上げる棒グラフでは，印象や読み取れる内容が変わるということに気付かせる。

🔧 **しこみ 06**

決めた横軸やグラフの表現によって，読み取れる内容が変わっていることの気付きを価値付ける。

🔧 **しこみ 07**

目的に応じて，観点や棒グラフの表現を選んでいる態度を価値付ける。

🔍 データ・アンケート

※複数の表や複数の棒グラフを組み合わせたグラフは児童から出にくい。そこで仮想データとして，表と組み合わせたグラフを提示する。読み取らせたい部分を修正テープでマスキングしてワークシートにする。第6時以降は，各校の生データを使い，目的に応じて観点や表現を選び，棒グラフをつくっていく。

ろうかを走っている人数

1F 東	人数
1年	5
2年	8
3年	24
4年	18
5年	15
6年	6
その他	2
合計	78

2F 東	人数
1年	4
2年	10
3年	30
4年	25
5年	8
6年	2
その他	0
合計	79

3F 東	人数
1年	0
2年	0
3年	14
4年	0
5年	32
6年	5
その他	0
合計	51

1F 西	人数
1年	45
2年	33
3年	10
4年	1
5年	2
6年	10
その他	0
合計	101

2F 西	人数
1年	14
2年	45
3年	12
4年	0
5年	0
6年	6
その他	0
合計	77

3F 西	人数
1年	0
2年	0
3年	10
4年	0
5年	6
6年	11
その他	0
合計	27

すべての場所の人数を比べたグラフ

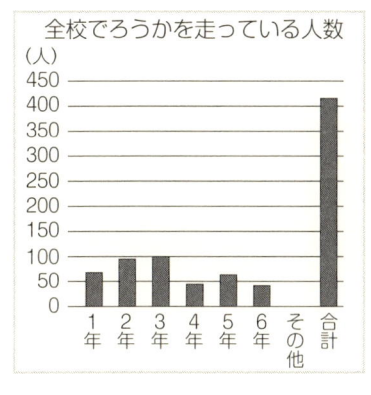

3年生だけを抽出したグラフ

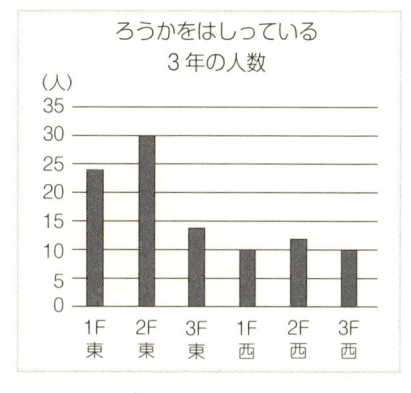

1F 東西をならべたグラフ

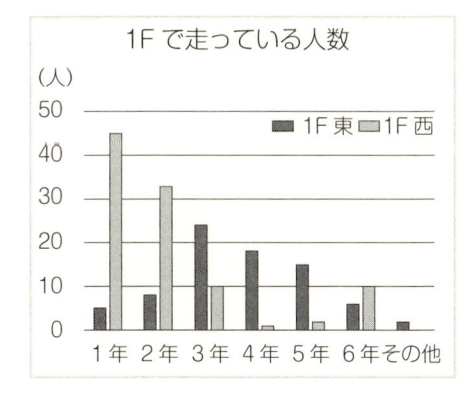

1F 東西を積み上げたグラフ

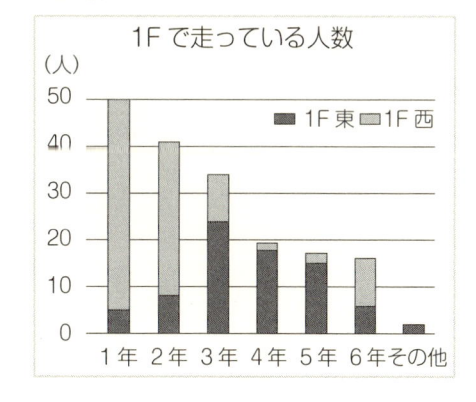

安全に登下校するために交通量を調べよう！

●ぼうグラフと表（基礎）

問題 ▶▶ 計画 ▶▶ データ ▶▶ 分析 ▶▶ 結論 ▶▶ 問題

❶ 単元で育てる資質・能力

身の回りにある事象について，目的に応じて観点を決め，資料を分類整理して，表や棒グラフを用いてわかりやすく表したり，読み取ったりできる。

❷ 指導計画 （第1次のみ記載。第2次で棒グラフ，第3次で2次元表を扱う）

時	学習内容
1 （本時）	交通安全のために交通量を調査するという目的をもち，調査の方法を考えることができる。「正」の字を使った整理の仕方のよさを理解することができる。
2	計画を基に，「正」の字を使って交通量を正しく調査することができる。
3	目的に応じて，調査の結果を表にまとめる方法を理解する。

❸ 本時のねらい

交通量を調べるために，よりよい調査項目や調査方法を考えることができる。

❹ 板書計画

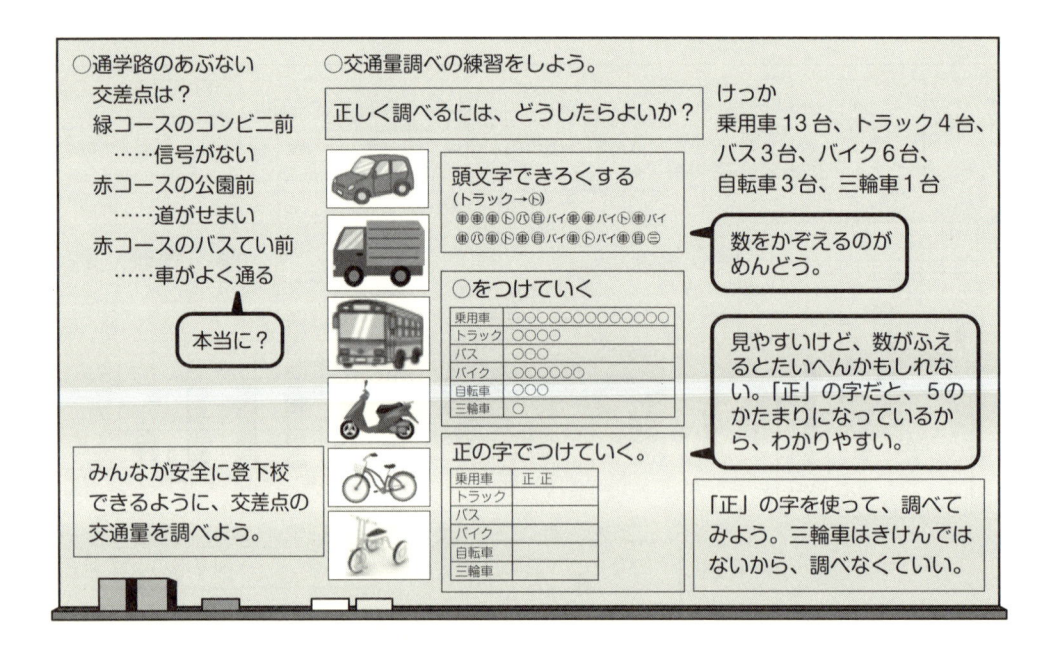

❺ 授業の流れ

① 「安全に登下校するために，交通量の多い交差点の様子を調べる」という目的意識をもつ。

 安全に気を付けて登下校してほしいのですが，通学路で，ここは危ないなと思う交差点はありますか？

○○の交差点が危ないです。信号もないし，車がよく通るからです

 信号がなかったり，車がたくさん通っていたりするのは，危ないですね。でも，車がたくさん通るというのは，本当ですか？

調べてみればわかると思います

② 写真を使い試してみる。

 では，明日そこに行って調べてみようと思います。今日は，教室で調べる練習してみましょう。わかったことを発表してください

たぶん，普通の車が多かったと思います

 トラックのほうが多かったと思います

もう一回見たいです

③ どのように調べたらよいか考える。

 車は一度通り過ぎたら，もう戻っては来てくれません。どうしたらよかったのでしょうか？

🔑 しかけ 01

目的意識を共有する。通学路という身近な問題場面を提示し，取り組みやすくする。普段なんとなく感じている「危ない」という感覚は本当なのかという疑問から，見に行きたい，調べてみたいという意欲を引き出す。

🛠 しこみ 01

「本当にそうかな？」と確かめてみたいという態度を価値付ける。

🔑 しかけ 02

次々に写真を提示する。30 枚の写真を次々に提示していき，正しく調べるためには，調べる項目や調べる方法について考えておくことが必要だと感じさせる。提示する写真は，乗用車，トラック，バス，バイク，自転車，三輪車を用意しておく。三輪車を入れておくことで，調べる項目に目が行くようにする。

1年
2年
3年
4年
5年
6年
▼
安全に登下校するために交通量を調べよう！「ぼうグラフと表」 基礎

 種類ごとに数えればいいと思います

 ノートに記録を取っていけばいいと思います

 では，もう一度やってみましょう

 待ってください。書ききれません！

 早過ぎです

 どうしたらいいのでしょうか？

 トラックなら「Ｔ」，自転車なら「自」のように頭文字で数えればいいと思います

 表みたいにして，〇を書いていけばいいと思います

 「正」の字で数えているのを見たことがあります

④よりよい方法について検討する。

 自分がよいと思う方法を選んで，試してみましょう。それぞれの台数がわかったら，手を挙げて教えてください

乗用車が 13 台，トラックが 4 台，バスが 3 台，バイクが 6 台，自転車が 3 台，三輪車が 1 台，合計が 30 台でした。どの方法で調べるとよさそうですか？

 どの方法でも正しく数えられたけど，頭文字は，最後が少し面倒くさかったです

 「正」の字だと，5 のまとまりになっているから，最後に数えるのが簡単でした

🔧 **しこみ 02**

「数えたらいい」「記録を取ればいい」と，調べ方を考える態度を価値付ける。

🔍 **しかけ 03**

次々に写真を提示する。どんどん車がやってきて，車の種類をすべてを記録しようとすると間に合わないという状況をつくり出し，短時間で正確に調べる方法の必要感をもたせる。

🔧 **しこみ 03**

「頭文字で記録しよう」「チェックしていこう」などと，学習経験や生活経験を基に，調べる方法を工夫しようとする態度を価値付ける。それぞれのやり方を全体で確認する。

🔍 **しかけ 04**

早く結果が出た子どもに手を挙げさせる。データを収集した後の整理をする際にも，速さは重要な観点になる。こうすることで「正」の字で処理するよさに気付きやすくなる。

調べに行ったら車がたくさん通るかもしれないので,「正」の字のほうがいいと思います

🔧 **しこみ 04**

「どの方法でも数えられるけど……」「正の字は数えやすい」など,よりよい方法について,根拠をもって説明する態度を価値付ける。

🔧 **しこみ 05**

「三輪車は危なくないよ」などと,目的に応じて調査項目を考えようとする態度を価値付ける。

⑤調査項目を再考する。

明日調べに行くために,「正」の字を書き込む表を作っておきましょう

三輪車が通っても危なくないから,三輪車はいらないと思います

自転車もいらないと思います

自転車はぶつかったらけがをするから,調べたほうがいいと思います

❻「しかけ」と「しこみ」

🔑 しかけ 02　🔧 しこみ 05

　提示する写真の中に三輪車を1台入れておくことで,提示した段階で三輪車はいらないのではないかという話が出ることもある。その場合は「安全に登下校するため」という目的を確認し,三輪車は外して残りの項目で調べる練習を行っていく。

🔍 データ・アンケート

※交通量調べ練習用データ

種類	台数（台）
乗用車	13
トラック	4
バス	3
バイク	6
自転車	3
三輪車	1
合計	30

「写真の提示順」

乗用車, 乗用車, 乗用車, トラック, バス, 自転車, バイク, 乗用車, 乗用車, バイク, トラック, 乗用車, バイク, 乗用車, バイク, 乗用車, トラック, 乗用車 自転車, 三輪車, バイク, 乗用車, 乗用車

以上のような順番で提示すると,書き切れないという状況をつくりやすい。三輪車を終わりのほうで提示することで,三輪車に注目させやすくなる。早い段階で車の種類のほとんどが明らかになるので,種類に注目することにもつながる。

1年
2年
3年
4年
5年
6年

▼

安全に登下校するために交通量を調べよう！〔ぼうグラフと表〕

基礎

3年 将来なりたい職業！

●ぼうグラフと表（基礎）

問題 ▶▶ 計画 ▶▶ データ ▶▶ 分析 ▶▶ 結論 ▶▶ 問題

❶ 単元で育てる資質・能力

　身の回りにある事象について，データを分類整理し，表やグラフを用いて表したり，読み取ったりして，そのデータの特徴や傾向を考えることができる。

❷ 指導計画

時	学習内容
1　(本時)	クラスの児童の「将来なりたい職業」を分類整理していく中で，そのデータの特徴や傾向を調べることの意欲を高める。
2	データを分類整理する方法や，表にまとめる方法を理解する。

❸ 本時のねらい

　「小学生の『将来なりたい職業』ランキングトップ10」を基に，クラスの児童の「将来なりたい職業」を集め，それを分類整理してクラスの特徴や傾向を考える。

❹ 板書計画

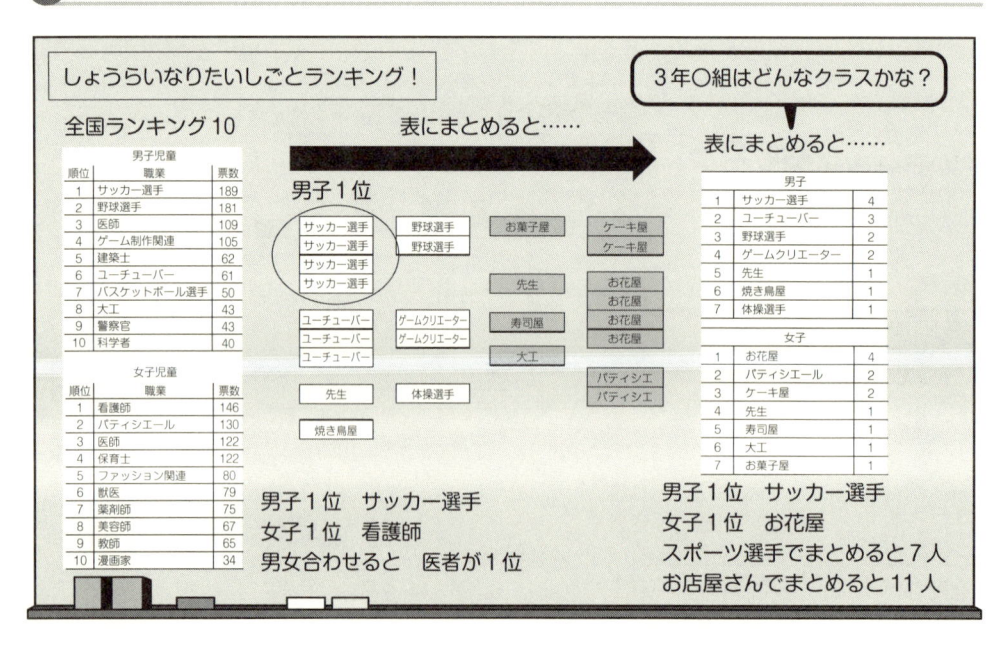

44

❺ 授業の流れ

①小学生の「将来なりたい職業」ランキングトップ10を提示
する。

> この資料を見ると，「将来なりたい
> 職業」は看護師が一番人気ですね

🔑 **しかけ 01**

順位が表された表を提示する。表にまとめると順位がわかりやすいという考えを引き出す。

🔑 **しかけ 02**

最初に女子児童の1位を取り上げる。2つの表を比べようとする考えを引き出す。

🔧 **しこみ 01**

2つの表を比べた発言を価値付ける。

男子児童

順位	職業	票数
1	サッカー選手	189
2	野球選手	181
3	医師	109
4	ゲーム制作関連	105
5	建築士	62
6	ユーチューバー	61
7	バスケットボール選手	50
8	大工	43
9	警察官	43
10	科学者	40

女子児童

順位	職業	票数
1	看護師	146
2	パティシエール	130
3	医師	122
4	保育士	122
5	ファッション関連	80
6	獣医	79
7	薬剤師	75
8	美容師	67
9	教師	65
10	漫画家	34

> 女子の1番は看護師だけど，男子のサッカー選手の数が多いから，サッカー選手が一番人気だよ

> でも，男子と女子合わせると，お医者さんが一番人気だわ

②クラスの子どもの「将来なりたい職業」をカードに書かせて
集める。

> みんなの「将来なりたい職業」は何
> かな？　カードに書きましょう

🔑 **しかけ 03**

自分のなりたい職業を一人一人カードに書かせる。意欲的に集団の傾向を調べようさせる。

🔧 **しこみ 02**

「どんな職業が多いのかな？」「私の職業は何位かな？」と意欲的にクラスの傾向を考えようとする態度を価値付ける。

1年 2年 **3年** 4年 5年 6年

▼ 将来なりたい職業！［ぼうグラフと表］ 基礎

③集めたカードを分類整理する。

> これじゃあわかりづらいから，集めていいですか？

パティシエ	ユーチューバー	お菓子屋	大工
サッカー選手	野球選手	お花屋	お花屋
ゲームクリエーター	お花屋	野球選手	ユーチューバー
サッカー選手	サッカー選手	ゲームクリエーター	お花屋
焼き鳥屋	ケーキ屋	サッカー選手	ユーチューバー
ケーキ屋	先生	体操選手	寿司屋
		先生	パティシエ

> 男子の1位は「サッカー選手」で女子の1位が「お花屋」なのはわかったけど……

サッカー選手 サッカー選手 サッカー選手 サッカー選手	野球選手 野球選手	お菓子屋	ケーキ屋 ケーキ屋
		先生	お花屋 お花屋 お花屋 お花屋
ユーチューバー ユーチューバー ユーチューバー	ゲームクリエーター ゲームクリエーター	寿司屋	
先生	体操選手	大工	パティシエ パティシエ
焼き鳥屋			

> さっきみたいに表にしたらわかりやすくなるんじゃないかな？

④クラスの傾向を考える。

> スポーツ選手でまとめると，7人で一番多くなる

	男子			女子	
1	サッカー選手	4	1	お花屋	4
2	ユーチューバー	3	2	パティシエール	2
3	野球選手	2	3	ケーキ屋	2
4	ゲームクリエーター	2	4	先生	1
5	先生	1	5	寿司屋	1
6	焼き鳥屋	1	6	大工	1
7	体操選手	1	7	お菓子屋	1

> お店屋さんでまとめると11人だから，スポーツ選手より多くなるわ

🔑 しかけ 04
カードをバラバラに掲示する。同じ職業ごとに分類したいという考えを引き出す。

🔧 しこみ 03
バラバラに掲示したものを分類しようとする態度を価値付ける。

🔧 しこみ 04
表にまとめたいという発言を価値付ける。

🔑 しかけ 05
全国ランキングと比べる。共通点や違いに目を向け，傾向を見ようとする考えを引き出す。

🔧 しこみ 05
「スポーツ選手」「お店屋」など，いくつかにまとめる考えを価値付ける。

 3年〇組はどんなクラスかな？

🔍 データ

データ①　小学生の「将来なりたい職業」ランキングトップ10
2017年日本FP協会調べ https://www.jafp.or.jp/personal_finance/yume/syokugyo/files/ranking.pdf（平成30年5月20日取得）

男子児童		
順位	職業	票数
1	サッカー選手	189
2	野球選手	181
3	医師	109
4	ゲーム制作関連	105
5	建築士	62
6	ユーチューバー	61
7	バスケットボール選手	50
8	大工	43
8	警察官	43
10	科学者	40

女子児童		
順位	職業	票数
1	看護師	146
2	パティシエール	130
3	医師	122
3	保育士	122
5	ファッション関連	80
6	獣医	79
7	薬剤師	75
8	美容師	67
9	教師	65
10	漫画家	34

データ②　クラスの児童の「将来なりたい職業」（クラスでのアンケート調査）

男子児童		
順位	職業	票数
1	サッカー選手	4
2	ユーチューバー	3
3	野球選手	2
3	ゲームクリエーター	2
5	先生	1
5	焼き鳥屋	1
5	体操選手	1

女子児童		
順位	職業	票数
1	お花屋	4
2	パティシエール	2
2	ケーキ屋	2
4	先生	1
4	寿司屋	1
4	大工	1
4	お菓子屋	1

たてわり班でやりたい遊びは みんな同じかな？

● ぼうグラフと表（活用）

問題 ▶▶ 計画 ▶▶ データ ▶▶ 分析 ▶▶ 結論 ▶▶ 問題

❶ 本実践の位置付け

・「ぼうグラフと表」の単元後

・他教科との関連：特別活動（縦割り班活動），国語（話すこと・聞くこと）

時	本実践で育てる資質・能力
1	**データ・分析・結論** 縦割り班で遊びたい内容を調べ，整理したグラフから見いだしたことを表現できる。 集めるべきデータや集め方について，見直すことができる。
	問題 他学年の遊びたい内容に興味をもち，「学年によって違うのではないか」など，問題を考えることができる。
2・3	**計画** 1～6年生，外遊び，教室遊びのアンケートをするなどデータの収集方法を考えることができる。
	データ 学年，外遊び，教室遊びなどの観点を意識して，班のデータを収集，集計し整理することができる（グループごとにアンケートを取る。表に整理してもよい）。
	分析 学年，遊びの内容など観点を定めてグラフにすることができる。 「一番多い遊びは？」「低学年の好きな遊びは？」「高学年との違いはあるか？」など傾向や特徴について見いだしたことを表現できる。
	結論 「学年によって遊びたい内容が違う」など見いだしたことを基に，縦割り班遊びのリーダーに遊びの内容を提案できる。

② 第1時の流れ

第1時のねらい

　学級での調査を踏まえて，「みんなが遊びたい内容なのか？　学年によって違うのではないか？」と集めるべきデータや集め方について，見直すことができる。

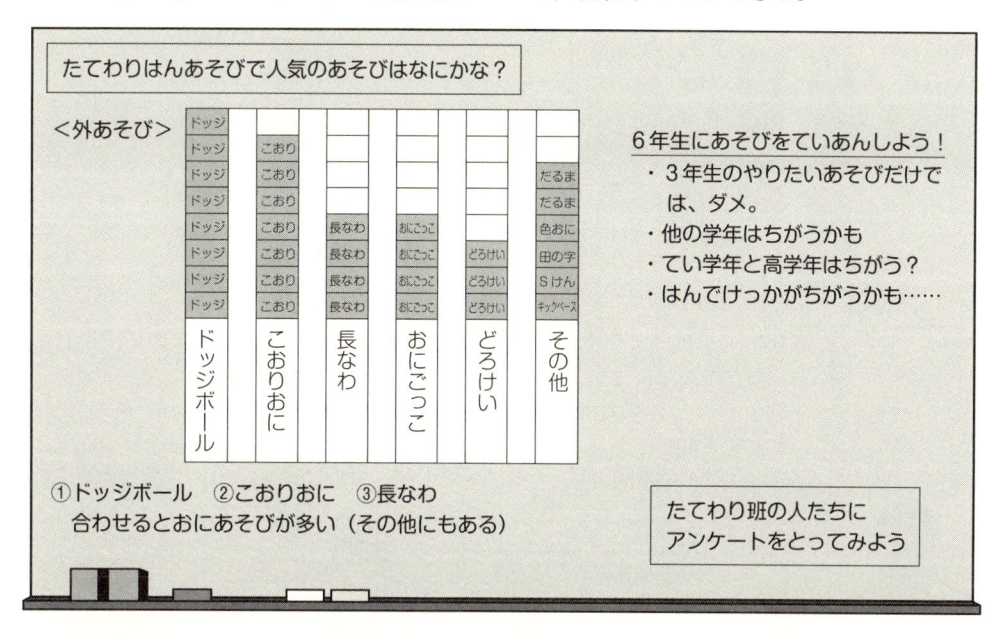

①縦割り班遊びで遊びたい内容のアンケートを取る。

縦割り班の遊び，みんなは何が好きなの？

こおりおにがいいな。1年生と一緒に逃げるのが楽しいし

やっぱりドッジボールでしょ

たてわり班あそびで人気のあそびは何かな？

短冊に遊びたい遊びを書いて黒板に貼る。

こおり おに	ドッジ ボール
どろけい	Sけん

 **しかけ 01**

全校に関わる内容について，まずは学級で調査をする。
限定的な集団で統計的探究プロセスを回すことで，新たなサイクルを回し始めるきっかけにする。

 **しかけ 02**

短冊でアンケートを取って，随時黒板に貼らせる。
同じ遊びを集めようという発言を引き出し，簡易的なグラフをつくり，分析，結論を出す。

② グラフをつくる。

 同じ遊びを集めてみよう

 グラフみたいに並べれば，人気の遊びがわかりやすい

ドッジボール	こおりおに	長なわ	おにごっこ	どろけい	その他
ドッジ					
ドッジ	こおり				
ドッジ	こおり				だるま
ドッジ	こおり				だるま
ドッジ	こおり	長なわ	おにごっこ		色おに
ドッジ	こおり	長なわ	おにごっこ	どろけい	田の字
ドッジ	こおり	長なわ	おにごっこ	どろけい	Sけん
ドッジ	こおり	長なわ	おにごっこ	どろけい	キックベース

③ 見いだしたことを表現する。

 一番多いのはドッジボールだね

 こおりおにも人気と言っていいね

 おにあそびで合体すると一番多いね。こおりおに，おにごっこ，どろけいを合わせると……

④ 結論から問題をつくる。

 この結果を基に6年生に縦割り班の遊びの内容を提案しよう

 3年生のやりたい遊びだけでいいのかな？

 他の学年でも調べてみようよ

 低学年と，中学年，高学年で違うかもよ

 班ごとで結果が違うかもしれない。縦割り班ごとに調べてみようよ

🔧 **しこみ 01**

まとめたいという子どものつぶやきを捉え，その発想を問い返す。同じもの同士を並べることで，グラフのように大小比較しようとする姿を価値付ける。

🔑 **しかけ 03**

限られた集団のデータを基に全体の提案をしようとする安易な結論を教師が示す。データ収集の範囲を広げるなど，計画の見直しの必要性に気付かせる。

🔧 **しこみ 02**

条件や範囲を変えて調べようとしたり，結果を予想したりする態度を価値付ける。

❸ 第2・3時の流れ

ねらい

　低・中・高学年を観点にデータを整理して傾向や特徴など見いだしたことを表現し、縦割り班遊びの内容を提案する。

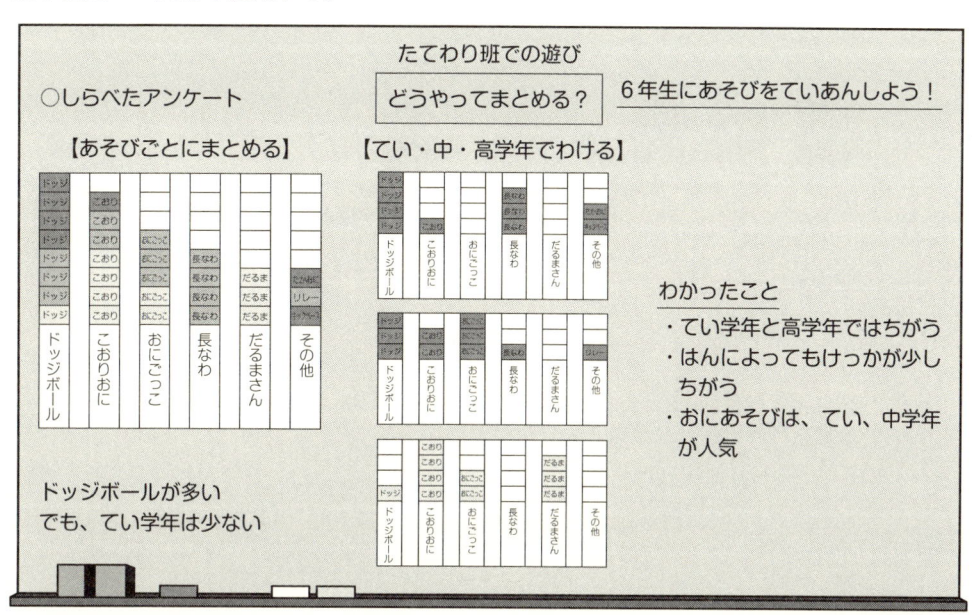

⓪縦割り班の遊びの終わりや休み時間などで、各グループにアンケートを実施し、データを取っておく。

①グループごとにデータを整理する。

どうやってグラフにまとめようかな？

【遊びごとにまとめる】

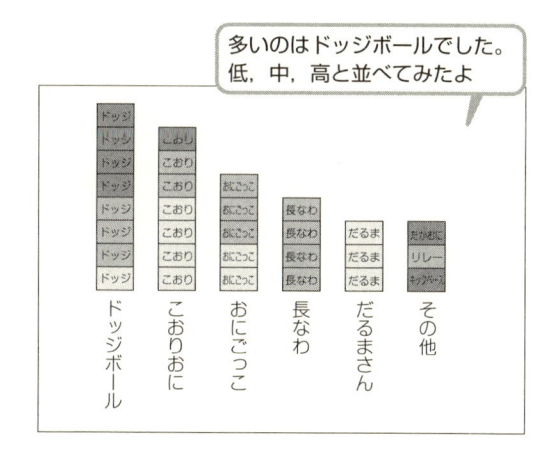

しかけ 04

自分の縦割りグループを調べる。
単元で学習した知識・技能を活用する場面である。それぞれの調査対象が違う探究活動にすることで、自分ごとの課題となる。

しかけ 05

低・中・高学年によって違う色の短冊を使う。色の違いに着目することで特徴や傾向をつかんだり、観点で分けたりするなど、適切に分類整理をしやすくする。

51

【低，中，高ごとに分けて】

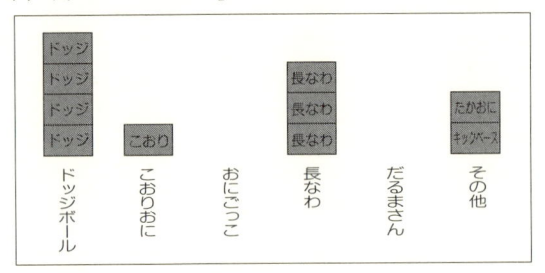

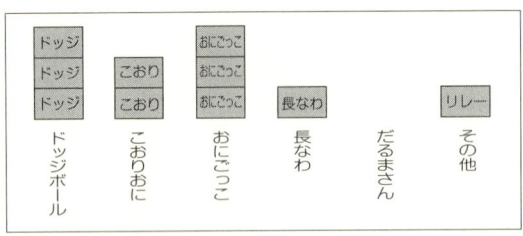

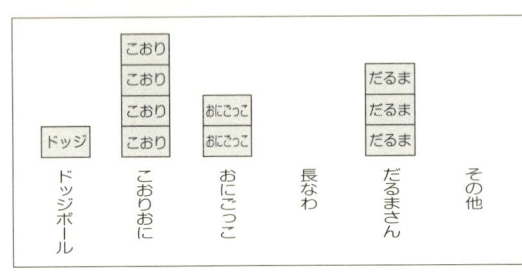

低，中，高ごとに分けて，
3つのグラフにしたよ

低学年，中学年は，おに遊びが多いんだね

低学年はドッジボールが少ないね。こわいから？

他の班も同じかな？

②分析の仕方は，適宜全体で共有する。

　各班で模造紙などにまとめさせる。観点を基にまとめる，分けるなどしている姿は全体で取り上げる。

③見いだしたことを表現し，提案内容をまとめる。

ドッジボールが1番だけれど，低学年は少ないから，低学年も楽しめる遊びをしよう

低学年はドッジボールが少ないので，楽しめるように教えてあげよう

🔧 しこみ 03

遊びの内容，学年など，ある観点や条件でまとめる，分けるなど整理する態度を価値付ける。

🔧 しこみ 04

6年生に何の遊びを提案するか，グラフから見いだしたことを基に表現する態度を価値付ける。

❹「しかけ」と「しこみ」

🔧 しこみ 03・04

　本事例ではアンケートを短冊（大きめの付箋でもよい）で実施し，並べることで簡単な
グラフをつくる。棒グラフをかく活動よりも，観点を決めたグラフを分析的に見る活動や
見いだしたことを表現する活動を重視したい。

🔍 データ・アンケート

※表とグラフの単元後に行うため，これまでの知識・技能の定着や学習経験，また時数などを踏まえて，実施するアンケートを
　決めるとよい。例2のようなアンケートをつくり，結果を表に整理した後，棒グラフを作成する活動も考えられる。

例1

やりたいあそびを おおきくかいてください	やりたいあそびを おおきくかいてください

- -

例2

たてわりはん遊びアンケート

　たてわりはん遊びで，なにをしたいですか？

そとあそび

きょうしつあそび

　たてわりグループ　　　はん

　　　　年　　組　　名前（　　　　　　　　　　　　）

たてわり班でやりたい遊びはみんな同じかな？〔ぼうグラフと表〕活用

3_年 だれが一番上手かな？

● ぼうグラフと表（活用）

問 題 ▶▶ 計 画 ▶▶ データ ▶▶ 分 析 ▶▶ 結 論 ▶▶ 問 題

❶ 本実践の位置付け

・「表とグラフ」の単元後
・他教科との関連：体育（なわ跳び）

時	本実践で育てる資質・能力
1	**問 題** データから「誰が一番縄跳びが上手なのか？」と考えることができる。
	計 画 「他の技の記録も見れば誰が上手なのかがわかる」等の仮説を立てることができる。
	データ 「前回し系と後ろ回し系」等，違いを分けてデータを収集することができる。
	分 析 集計した結果を様々な視点で見比べることができる。
	結 論 「見方が変われば結果も変わる」等の仮説に対する結論を言うことができる。
	問 題 「今出ている技の結果だけで結論を出してよいか。他のデータも集計してみたい」「もっと回数を重ねればまた違う結果になるのではないか」等，結論を批判的に考察し，新たな問題を発見することができる。

❷ 授業の流れ

第1時のねらい

　データを整理する観点に着目し，身の回りの事象について，表やグラフを用いて考察する。

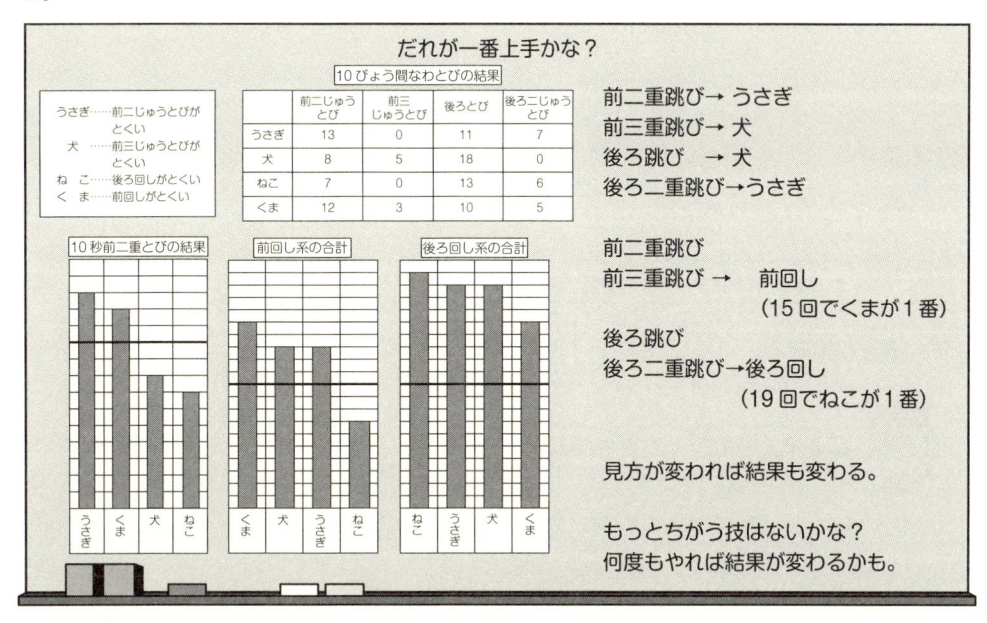

だれが一番上手かな？

10びょう間なわとびの結果

	前二じゅう とび	前三 じゅうとび	後ろとび	後ろ二じゅう とび
うさぎ	13	0	11	7
犬	8	5	18	0
ねこ	7	0	13	6
くま	12	3	10	5

うさぎ……前二じゅうとびが
　　　　　とくい
　犬　……前三じゅうとびが
　　　　　とくい
　ね　こ……後ろ回しがとくい
　く　ま……前回しがとくい

前二重跳び→ うさぎ
前三重跳び→ 犬
後ろ跳び　→ 犬
後ろ二重跳び→うさぎ

前二重跳び
前三重跳び → 　前回し
　　　　　　　（15回でくまが1番）
後ろ跳び
後ろ二重跳び→後ろ回し
　　　　　　　（19回でねこが1番）

見方が変われば結果も変わる。

もっとちがう技はないかな？
何度もやれば結果が変わるかも。

10秒前二重とびの結果　　前回し系の合計　　後ろ回し系の合計

①データから要因を考える。

うさぎ……前二じゅうとびがとくい

犬…………前三じゅうとびがとくい

ねこ………後ろ回しがとくい

くま………前回しがとくい

10秒前二重とびの結果

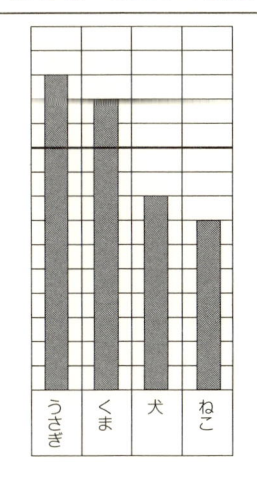

うさぎが一番上手で
いいですか？

他の技でも比べたい
です

🔑 しかけ 01

得意な技を，回数を示
さず言葉だけで提示す
る。
うさぎは前二重跳びが
得意であることを示し
ている。
三重跳びが得意な犬が
一番上手である印象を
もたせる。
ねこは後ろ回しが得意
であることを示すこと
で，後ろ回し系でまと
める考えを引き出す。

②仮説を立てる。

　表を様々な視点から見て，自分なりに一番上手な動物を決める。

しかけ 02

数値を工夫する。
技別に見ても，全部の技を合計しても，くまとねこは１番になれないように数値を工夫する。

10 びょう間なわとびの結果

	前二じゅうとび	前三じゅうとび	後ろとび	後ろ二じゅうとび
うさぎ	13	0	11	7
犬	8	5	18	0
ねこ	7	0	13	6
くま	12	3	10	5

どの動物が１番上手なのかな？

③データを収集する。

まずは，技ごとに見比べてみると……

前二重跳び　→うさぎ
前三重跳び　→犬
後ろ跳び　　→犬
後ろ二重跳び→うさぎ
になっているね

全部の技の回数を合計してみると……

しかけ 03

数値を工夫する。
うさぎと犬の全技の合計を同じにしておくことで，回数だけでなく，技のレベルに目が行くようにする。

うさぎ→ 31 回（13 ＋ 0 ＋ 11 ＋ 7）
犬　 →　31 回（8 ＋ 5 ＋ 18 ＋ 0）
ねこ→　26 回（7 ＋ 0 ＋ 13 ＋ 6）
くま→　30 回（12 ＋ 3 ＋ 10 ＋ 5）
になっているね

うさぎと犬が同点で１番だ。
どちらも上手だね

全部足してみたけど，後ろ跳びと三重跳びは同じ１回と数えてもいいのかな？

いいところに気付きましたね。技の難しさが違いますね。ではどうしたらいいでしょう？

二重跳びは1回できたら2点。三重跳びは5点。後ろ跳びは1点。後ろ二重跳びは3点にして考えてみよう

🔧 **しこみ 01**

技ごとに難易度が違うことから，難易度ごとにポイントを付ける姿を価値付ける。

点数をつけてみると……
うさぎ　→　　58点
($2 × 13 + 5 × 0 + 1 × 11 + 3 × 7$)
犬　　　→　　59点
($2 × 8 + 5 × 5 + 1 × 18 + 3 × 0$)
ねこ　　→　　45点
($2 × 7 + 5 × 0 + 1 × 13 + 3 × 6$)
くま　　→　　64点
($2 × 12 + 5 × 3 + 1 × 10 + 3 × 5$)
になるね。くまが1番だ

あれ？　どうやったらねこは1番になれるのかな？

🔧 **しこみ 02**

他の動物はそれぞれ1番になることができたのに，ねこだけが1番になれていないことに対して，1番になれないのかなと考える態度を価値付ける。

ねこは得意な技がないのかな？

ねこは後ろ回しが得意だよ。後ろ跳びを全部合わせると……

前回し系と後ろ回し系で考える。

前二重跳び（12回）
前三重跳び（13回）　　→　前回し
　　　　　　　　　　　　　（15回でくまが1番）

後ろ跳び　（13回）
後ろ二重跳び（6回）　　→　後ろ回し
　　　　　　　　　　　　　（19回でねこが1番）

となるね。ねこが1番になったよ

後ろに回す技を合計するとねこが1番になれるんだ

いろいろな見方をすることで，今まで見えなかったことが見えてきますね

④検証結果から結論を出し，考察する。

もっと違う技はないかな？

何度もやれば結果が変わるかも

🔧 **しこみ 03**
前回し系の技と後ろ回し系の技でまとめる見方をする態度を価値付ける。

🔧 **しこみ 04**
見えていること以外に目を向けられたことを価値付ける。

🔍 データ

データ①

うさぎ……前二じゅうとびがとくい
　犬　……前三じゅうとびがとくい
ね　こ……後ろ回しがとくい
く　ま……前回しがとくい

データ②

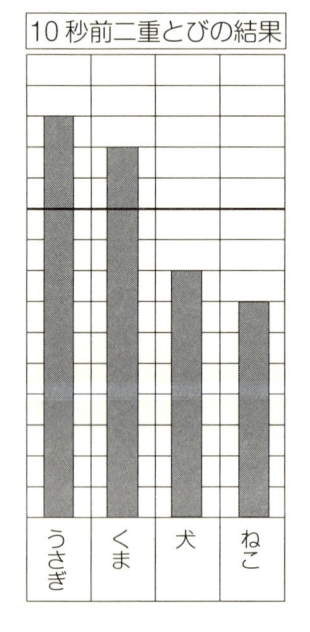

10秒前二重とびの結果

データ③

10 びょう間なわとびの結果

	前二じゅうとび	前三じゅうとび	後ろとび	後ろ二じゅうとび
うさぎ	13	0	11	7
犬	8	5	18	0
ねこ	7	0	13	6
くま	12	3	10	5

データ④

前回し系の合計

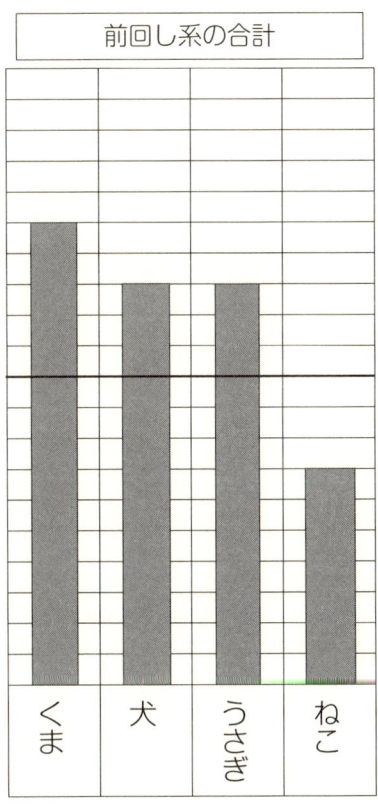

データ⑤

後ろ回し系の合計

1年
2年
3年
4年
5年
6年

▼ だれが一番上手かな？ 〔ぼうグラフと表〕 活用

4年 一番人気のラーメンは？

●折れ線グラフと表（基礎）

〔 問 題 〕▶▶〔 計 画 〕▶▶〔 データ 〕▶▶〔 分 析 〕▶▶〔 結 論 〕▶▶〔 問 題 〕

① 単元で育てる資質・能力

目的に応じてデータを 2 つの観点から分類整理して適切な表にまとめ，その特徴を捉え，その結論について考察することができる。

② 指導計画

時	学習内容
1 （本時）	二次元表の表し方を知り，読み取ることができる。
2	異なる観点から二次元表に表すことができ，読み取ることができる。
3	4 つの項目に分類した二次元表の表し方を知り，読み取ることができる。

③ 本時のねらい

一次元表から読み取ることができない事象があることを確認し，データを 2 つの観点から分類整理する方法や，二次元表の表し方を理解する。

④ 板書計画

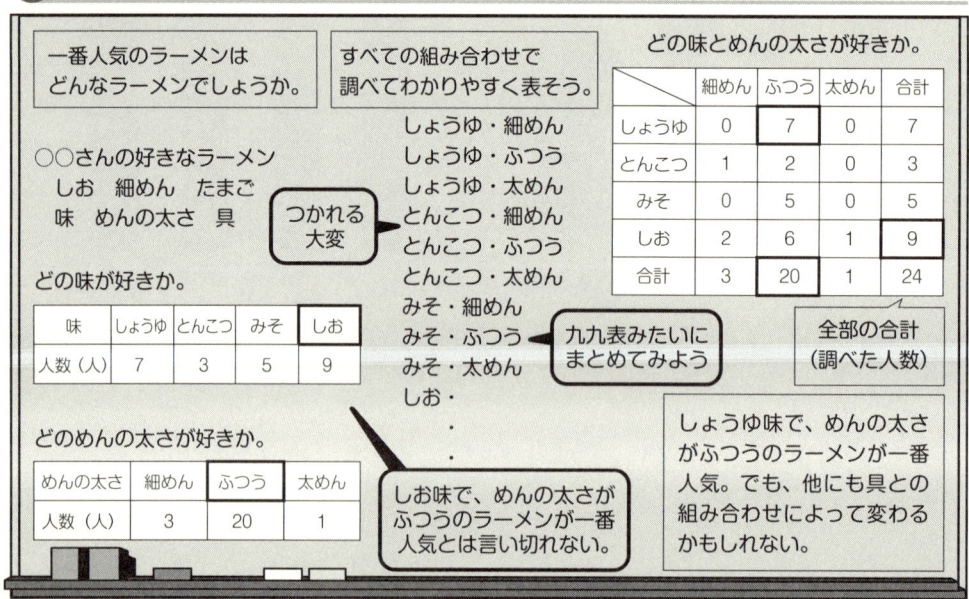

❺ 授業の流れ

① どんなラーメンが好きか発表する。

> しょうゆ味で，ふつうのめんの太さで，チャーシューが入っているラーメンが好きです

> しお味で，細めんで，たまごが入っているラーメンが好きです

🔑 **しかけ 01**

何人かに好きなラーメンを発表させる。
味，めんの太さ，具など，いろいろな観点があることに気付かせる。

② ラーメンにはいろいろな味と麺の太さがあることを確認して
表をつくり，自分が一番好きなものを調べる。

どの味が好きか。

味	しょうゆ	とんこつ	みそ	しお
人数（人）	7	3	5	9

どのめんの太さが好きか。

めんの太さ	細めん	ふつう	太めん
人数（人）	3	20	1

🔑 **しかけ 02**

2つの表の結果から教師が一番人気の組み合わせを判断したことを強調する。
子どもから「一つ一つの組み合わせ」で聞かないといけないという考えを引き出す。

> 一番人気の組み合わせは，しお味でふつうの太さのラーメンということですね

> その組み合わせが一番だとは言い切れないです。一個一個の組み合わせで聞いてみないといけないと思います

🔧 **しこみ 01**

「このデータだけでは，どの組み合わせが一番人気かわからない」など，データを取り直そうとする態度を価値付ける。

> すべての組み合わせを調べてわかりやすく表そう。

③ どんな組み合わせがあるのか考え，書き出してみる。

> 全部書くのは大変で，わかりにくいです。簡単にかけないかな？　例えば，九九表みたいな感じでできないかな？

🔑 **しかけ 03**

組み合わせを板書し，子どもに書かせる。
全部の組み合わせを書くのは大変だという考えを引き出す。

④一次元表を基に二次元表のかき方について知り，すべての組み合わせについて調べ，読み方を確認する。

しこみ 02

「数が一番多いから，しょうゆ味でふつうのめんの太さの組み合わせが一番人気です」など，データを基に説明する態度を価値付ける。

どの味とめんの太さが好きか。

	細めん	ふつう	太めん	合計
しょうゆ	0	7	0	7
とんこつ	1	2	0	3
みそ	0	5	0	5
しお	2	6	1	9
合計	3	20	1	24

 一番人気があるのは，しょうゆ味でふつうのめんの太さの組み合わせです

⑤合計を書くと，味だけの結果やめんの太さだけの結果も表せることを知る。

しかけ 04

最初は合計の欄を書かずに二次元表をかく。二次元表に合計を書くよさに気付かせる。
→しこみ 03

 この表では「どの味が人気か」や「どのめんの太さが人気か」がわかりませんね

 横のところや下のところにそれぞれの合計をかけばいいと思います

この表だと，どの組み合わせが一番人気かわかるし，味だけやめんの太さだけの結果もすぐにわかります

⑥他の組み合わせもないか考え，次時につなげる。

しこみ 03

「この表のほうがどんなラーメンが人気かすぐにわかる」など，二次元表のよさを考える態度を価値付ける。

 でも，ラーメンは他にも具の組み合わせも考えなくてはいけないんじゃないかな？

ラーメンの具と味の組み合わせを聞いても面白いかもしれない

6 「しかけ」と「しこみ」

🔑 しかけ 03

　子どもから「九九表」以外にも「給食当番の表」や「時間割表」など，二次元表につながるアイディアが出たら，それらを教室に掲示しておくとよい。

🔍 データ・アンケート

　この授業では，授業内に子どもに挙手させてデータを集められるため，事前にアンケート等は取る必要はない。

7 他にも……

　ラーメンだけでなく，学級の実態に応じて
・おにぎり（具材，形，のりの種類……）
・みそ汁（だしの種類，みその種類，具材……）
・サンドウィッチ（パンの種類，具材，塗るもの……）
などが考えられる。
　また，第2時，第3時も「ラーメン」を題材にして授業を構成することができる。
○第2時の流れ：ラーメンの味，めんの太さ，具，だし等からグループごとに調べたい
　　　　　　　　組み合わせを選び，二次元表を作成する。
○第3時の流れ：ラーメンを先週と今週に食べたか食べていないかを調べ，二次元表に
　　　　　　　　まとめる。

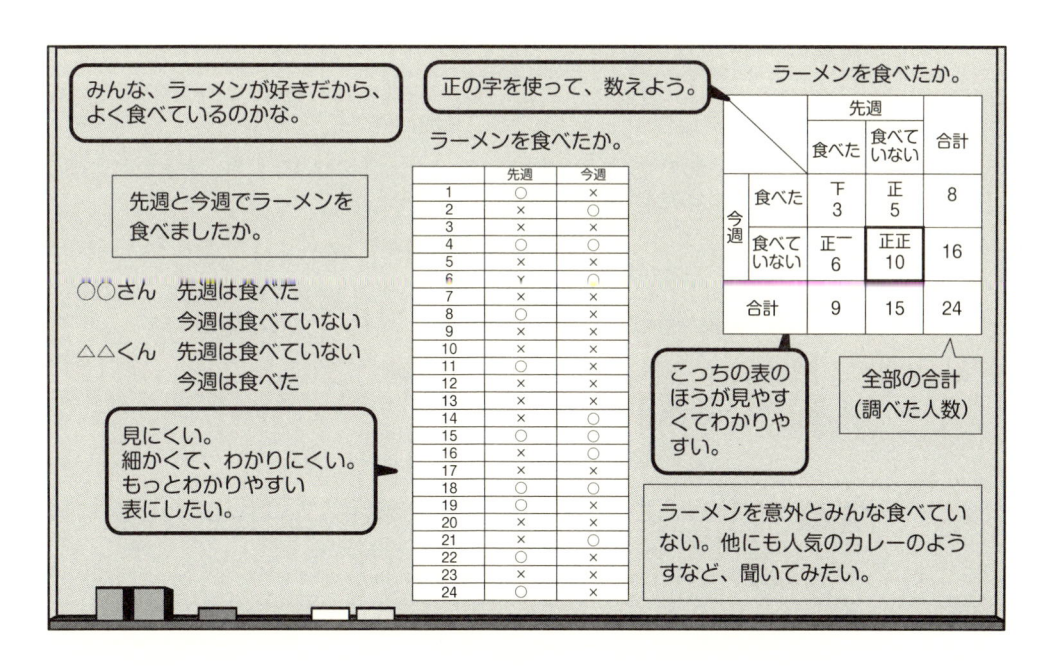

4年 どちらのラーメン屋に行きたい？

● 折れ線グラフと表（活用）

問題 ▶▶ 計画 ▶▶ データ ▶▶ 分析 ▶▶ 結論 ▶▶ 問題

❶ 本実践の位置付け

「折れ線グラフと表」の単元後

時	本実践で育てる資質・能力
1	**問題** 口コミをもとにどちらのラーメン屋に行きたいか考える中で，「何人『おいしい』と言ったのかな？」とデータの必要性を考えることができる。
	計画 目盛り幅の異なる２つのグラフの違いに気付き，「片方のグラフにそろえたら比べやすいのではないか？」と比較するための手立てを考えることができる。
	データ グラフをつくり直すことができる。
	分析 つくり直したグラフを基に，「人数で見るとA店に行きたい」「増え方で見るとB店に行きたい」等，いろいろな見方で考えることができる。
	結論 見方によってどちらのラーメン屋を選ぶか異なることに気付くとともに，自分の主張をもつことができる。
	問題 「お店に来た人全員が『おいしい』と言ったのかな？」等，結論を批判的に考察し，新たな問題を発見することができる。
	計画 「何人お店に来たのか知りたい」と，よりよい結論を導くためにどんなデータが必要か考えることができる。
	データ グラフを読み取ることができる。
	分析 来店者数と「おいしい」と言った人数を比較して，どちらに行きたいか考察を深めることができる。

❷ 授業の流れ

本時のねらい

目盛り幅の異なる2つのグラフをより適切なグラフにつくり替え，考察を深めることができる。

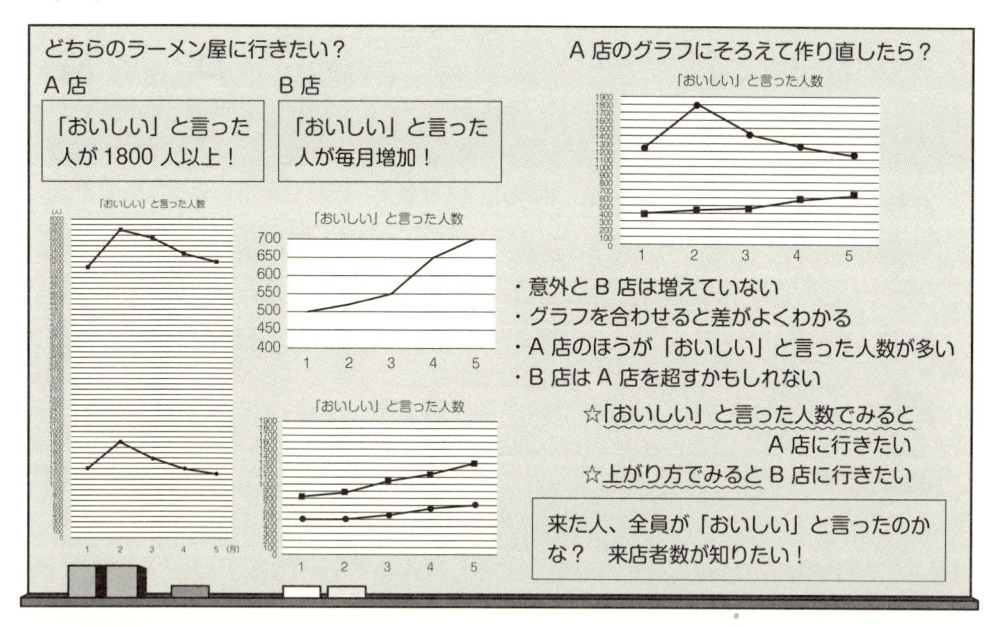

どちらのラーメン屋に行きたい？

A 店
「おいしい」と言った人が1800人以上！

B 店
「おいしい」と言った人が毎月増加！

A 店のグラフにそろえて作り直したら？

・意外とB店は増えていない
・グラフを合わせると差がよくわかる
・A店のほうが「おいしい」と言った人数が多い
・B店はA店を超すかもしれない

☆「おいしい」と言った人数でみると
　　　　　　　A店に行きたい
☆上がり方でみるとB店に行きたい

来た人、全員が「おいしい」と言ったのかな？　来店者数が知りたい！

---

①口コミを提示する。

> A店：「『おいしい』と言った人が1800人以上！」
> B店：「『おいしい』と言った人が毎月増加！」
> どちらのラーメン屋に行きたいですか？

> 1800人以上は多いね。おいしそう

> B店は何人，増えたのかな？

> 人数が知りたいな

🔑 しかけ 01

口コミを提示する。口コミだけを提示することで，子どもから「それだけじゃわからない」「『おいしい』と言った人数が知りたい」とデータの必要性を引き出す。

🛠 しこみ 01

「どちらだろう」という迷いや，「まだわからない」という疑問をもち，考察しようとする態度を価値付ける。

② 「おいしい」と言った人数のグラフを提示する。

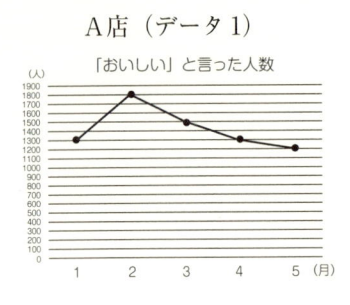

A店（データ1）

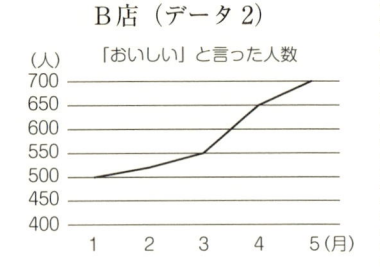

B店（データ2）

B店はとても増えているね。おいしいそうだな

A店は人数が多いから，おいしそうだよ

あれ？　2つのグラフの線の幅が違うよ。比べにくいな

目盛りをそろえてつくり直したいな

A店のグラフにそろえてグラフをつくり直したら…？

③ワークシートにつくり直して，気付いたことをまとめる。

A店と同じ目盛り幅のグラフ用紙（データ3）を黒板に貼り，子どもと一緒にグラフをつくり直す。

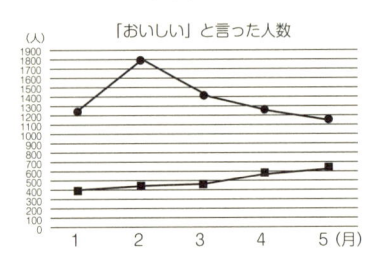

「おいしい」と言った人数

B店が，思ったより増えていないよ

この先，B店はA店を超えるかもしれない

やっぱりA店のほうが，圧倒的に人数が多いね

🔑 **しかけ 02**

目盛りを隠して提示する。目盛りを隠すことで，グラフに必要な情報を引き出す。

🔑 **しかけ 03**

目盛り幅の違うグラフを提示する。比べやすくするために「そろえたい」という考えを引き出す。

🛠 **しこみ 02**

「そろえたい」というつぶやきを捉え，よりよく比較する方法を考える態度を価値付ける。

🔑 **しかけ 04**

目盛りをそろえる前と後のB店のグラフの傾きに変化をもたせる。比較するときは条件をそろえることや，瞬時の見た目だけで判断しない重要性に気付かせる。

🔑 **しかけ 05**

A店とB店の最後の数値を近づけ，グラフにない先の数値を予想する態度を引き出す。

🛠 **しこみ 03**

グラフの傾きから，データにない部分を予想し考察しようとする態度を価値付ける。

④データから結論を出し，多面的に考察する。

 どちらのラーメン屋に行きたいですか？

人数で見るとA店に行きたいな

 増え方で見るとB店に行きたいな

でも，来た人全員が「おいしい」と言ったのかな？

 来店者数も知りたいな

> 来店者数は何人なのかな？

⑤新たなデータから考察を深める。

A店（データ4）
「おいしい」と言った人数

B店（データ5）
「おいしい」と言った人数

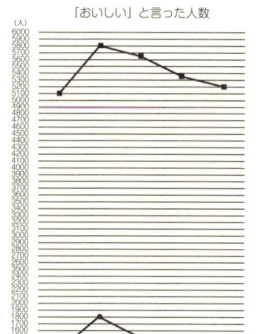 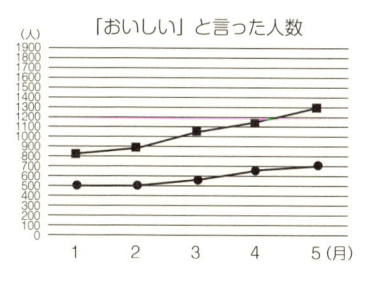

 えー！ A店は，「おいしい」と言った人が多いと思っていたけど，来店者数もこんなに多かったんだ！

B店は，人数は少ないけれど，来店者数のほとんどが「おいしい」と言っているよ。B店のほうがおいしそうだね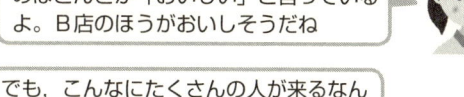

でも，こんなにたくさんの人が来るなんて，A店は人気店だね

見方によって行きたいお店は変わるんだね

🔧 しこみ 04

どちらに行きたいか考察する中で，「来た人全員が『おいしい』と言ったのかな？」「来店者数も知りたい」と，別のデータを使って結論を導こうとする態度を価値付ける。

🔑 しかけ 06

来店者数と「おいしい」と言った人数の折れ線グラフを重ね，提示する。来店者数と「おいしい」と言った人数の関係を見る見方（差や倍）を引き出す。

🔧 しこみ 05

見方によっておすすめが変わるという多面的な見方を価値付ける。

③ 「しかけ」と「しこみ」

本実践では，グラフの数値や提示方法を工夫し，「しかけ」と「しこみ」を行った。

🔍 しこみ 06

・A店は「おいしい」と言った人数が多いのに対し，来店者数も多い。一方，B店は「おいしい」と言った人数はA店と比較すると少ないが，来店者数も少ない。

➡ グラフを見て視覚的に来店者数と「おいしい」と言った人数の差に着目し，5年生の割合の考え方の素地を養う。また，A店は来店者数と「おいしい」と言った人数の差は大きいが，圧倒的にA店の来店者数が多いことで，「人気があるからA店を選ぶ」という考え方も生まれ，子どもの意見が2つに分かれるようにする。同じグラフから考察しても，見方によって，行きたいお店が異なることに気付かせ，多面的に物事を捉える力を養う。

・提示の仕方の工夫

➡ A店はデータ1のグラフの裏に来店者数が含まれたグラフ（データ4），B店は透明のもの（ラミネートフィルムやクリアファイル）に来店者数を記入しデータ2の裏面に貼って隠し最後に提示すると，子どもが関心をもち，考察を深めることができる。

◎ ワークシート

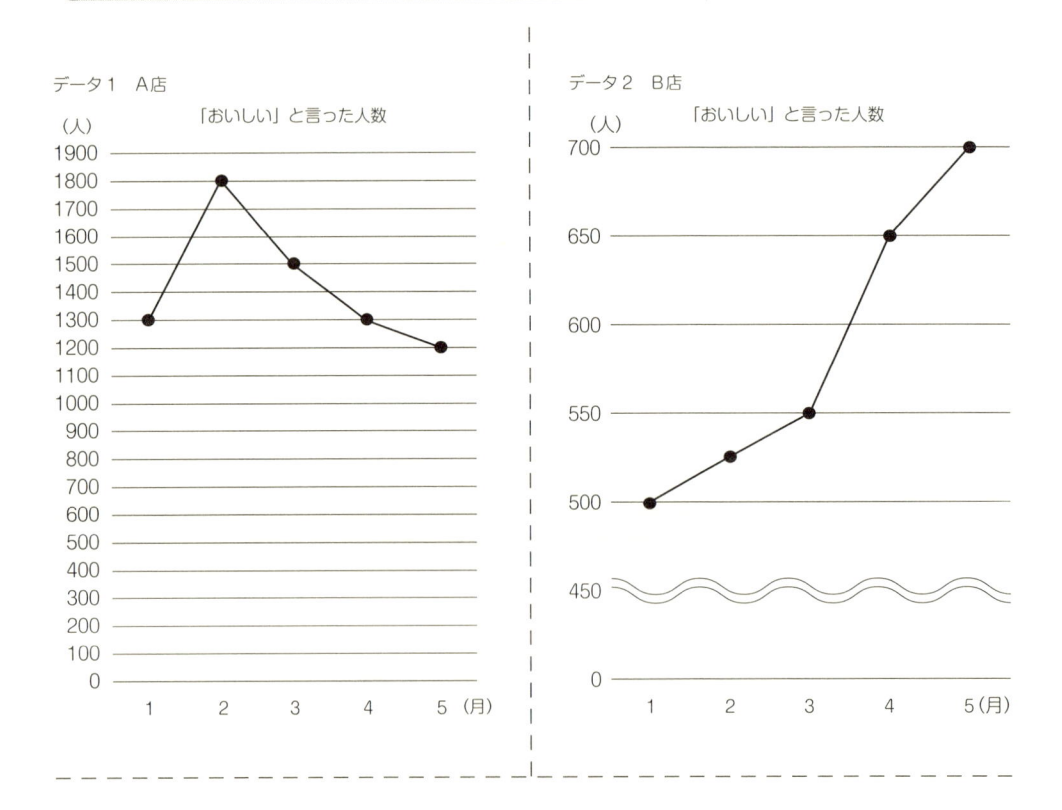

68

データ3

「おいしい」と言った人数

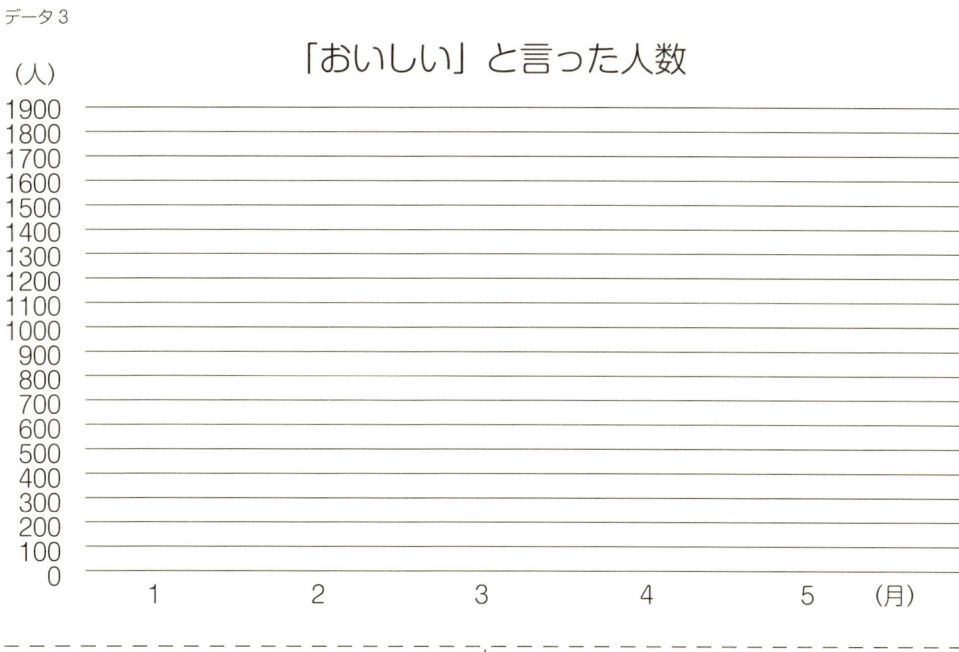

(人) / 1900 1800 1700 1600 1500 1400 1300 1200 1100 1000 900 800 700 600 500 400 300 200 100 0 / 1 2 3 4 5 (月)

データ4

「おいしい」と言った人数

データ5

「おいしい」と言った人数

透明のものに記入する
来店者数のグラフ

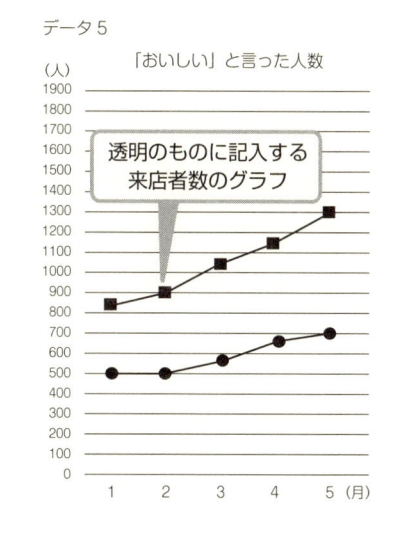

空気でっぽうで 音階をつくろう

4年

● 折れ線グラフと表（活用）

問 題 ▶▶ 計 画 ▶▶ データ ▶▶ 分 析 ▶▶ 結 論 ▶▶ 問 題

❶ 本実践の位置付け

・「折れ線グラフと表」の単元後
・他教科との関連：音楽「音階」，理科「閉じこめた空気と水」

時	本実践で育てる資質・能力
1	**問 題** 音の違いから，２つの音の間で音階をつくることができるのではないかという問題を発見することができる。
	計 画 ２つの音をそれぞれの目盛りの位置と合わせてグラフ化し，その間の変化を予測することができる。
	データ 目盛りの位置を動かしながら音を調べ，グラフに表すことができる。
	分 析 他のグループの結果と大きく違うものを除きながら，妥当な音階をグラフにまとめることができる。
	結 論 それぞれのグループの結果を基に，目盛りの位置と音の関係について考えることができる。 予測しながら進めることのよさを考えることができる。
	問 題 音を確認し，他の道具を用いて音階をつくることや，さらに高い音，低い音をつくるための方法について考えることができる。

❷ 授業の流れ

本時のねらい

データを基に予測しながら音階をつくることができる。

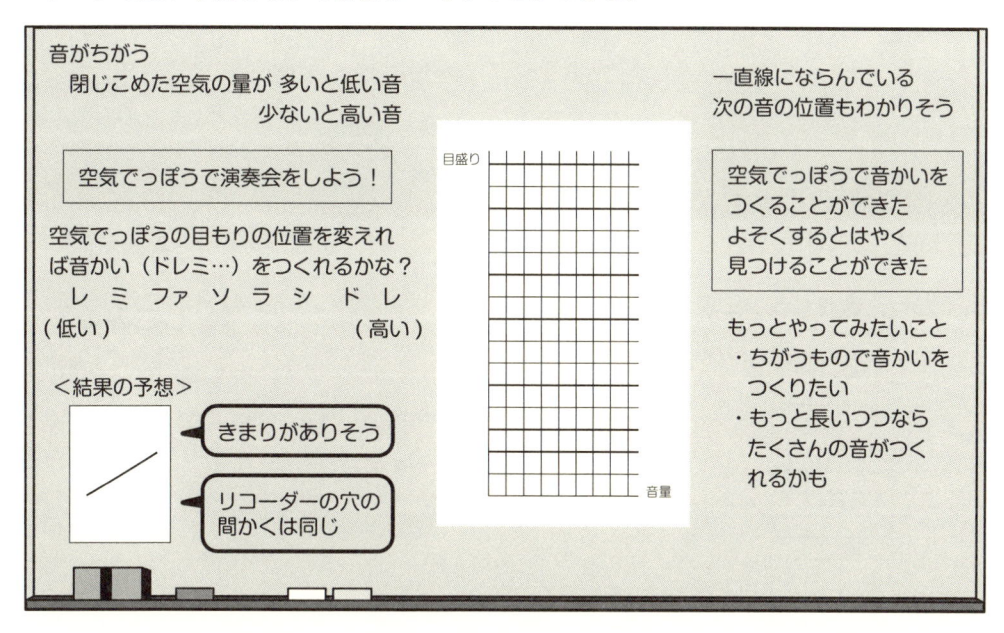

(板書例)

音がちがう
　閉じこめた空気の量が 多いと低い音
　　　　　　　　　　少ないと高い音

空気でっぽうで演奏会をしよう！

空気でっぽうの目もりの位置を変えれ
ば音かい（ドレミ…）をつくれるかな？
　レ　ミ　ファ　ソ　ラ　シ　ド　レ
（低い）　　　　　　　　　　（高い）

＜結果の予想＞

きまりがありそう

リコーダーの穴の
間かくは同じ

目盛り

音量

一直線にならんでいる
次の音の位置もわかりそう

空気でっぽうで音かいを
つくることができた
よそくするとはやく
見つけることができた

もっとやってみたいこと
・ちがうもので音かいを
　つくりたい
・もっと長いつつなら
　たくさんの音がつく
　れるかも

---

①教師の空気鉄砲の演示から，問題をつくる。

音の高さが違う！　閉じ込めた空気
が大きいと低い音，小さいと高い音
になっている

いろんな音をつくったら演奏できそう！

②音階をつくる方法について考える。

鍵盤ハーモニカで音の確認をする。

低い音も高い音も「レ」で１オクターブ違う

低い音のときは１目盛りで，高い音のと
きは11目盛りだから，その間に他の音
があるのかな？

🔑 **しかけ 01**

予測させる。
演示する音を１オク
ターブ高さを変えた同
じ音にすることで，音
と音の間の間隔がどう
なっているか，間にあ
る音の配置を考えさせ
る。

🔧 **しこみ 01**

「音の間が予測できそ
う」と２つの点から
その間を予測しようと
する態度を価値付ける。

③2つの「レ」の目盛りの位置をグラフに表し，その間の音の位置を予測する。

> きまりがありそうだから，一直線になるのではないかな？

> リコーダーも同じ間かくで穴が開いています

④見つけた音をグラフに表し，音階をつくる。

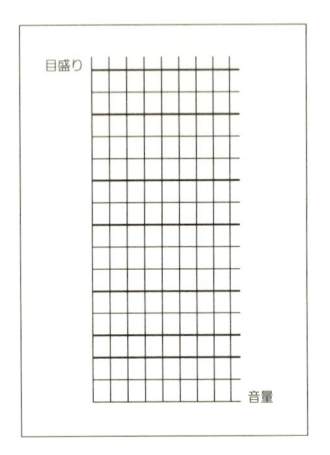

> 班によって多少違うけど，大体一直線になりそう

> 調べていなくても，次の音がどこの位置に来るか大体わかりそうです

⑤音階を確認し，簡単な曲を演奏する。
⑥学習を振り返り，さらに追究してみたいことを考える。

> 身近にあるものを使って音階をつくってみたいです

> もっと長いものがあればもっといろんな音をつくれそうです

> 音楽と算数がつながって面白いな

🔑 **しかけ 02**

初めは高い「レ」と低い「レ」の間だけを調べさせる。
目盛りの数は 11 よりもある。その先を残しておくことで，結果から予測し，予測を確かめることができるようにする。

🔧 **しこみ 02**

「まだ調べていないけれど，きっとこの先はこうなるだろう」と先を予測しようとする態度を価値付ける。

🔑 **しかけ 03**

楽器ではなくても，音を鳴らして遊んだものなどを想起させながら振り返らせる。

🔧 **しこみ 03**

「他のものでも音階をつくってみたい」「もっと音に高低を付けたい」等，新たに問題を発見しようとする態度を価値付ける。

🔍 使用教材，補助資料

使用教材

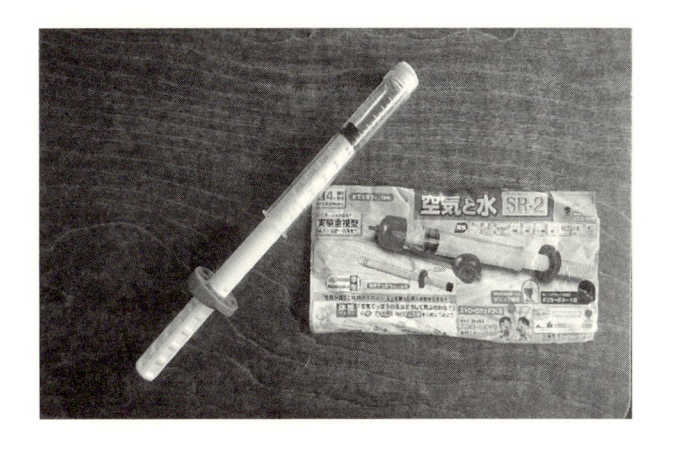

補助資料

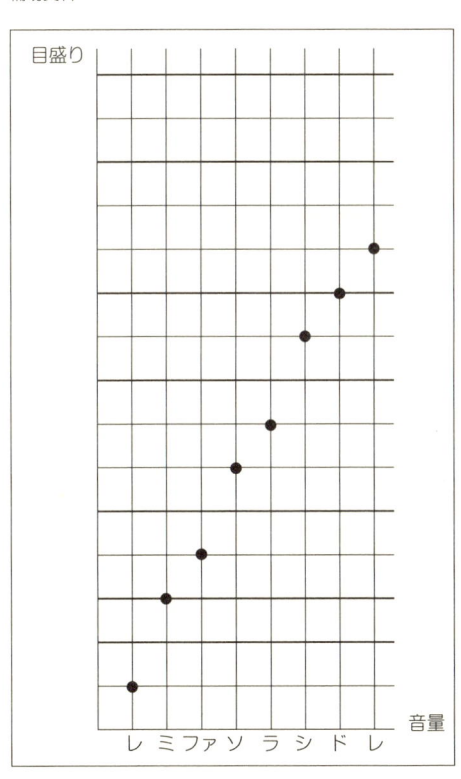

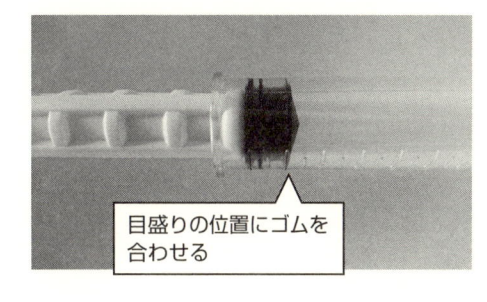

目盛りの位置にゴムを合わせる

※スポンジの入れ具合や押し出し方によっても音が変化するため，再現性を担保するのは難しい。初めに同じ音になるかどうかを全員で確認してから行うとよい。
※グループごとに調べた結果をシールで貼らせ，集まっているところで確認していくとよい。
※音楽専科とティームティーチングで行っていくとよい。

じゃんけんが強いのはだれ？

5年

●百分率とグラフ（基礎）

問題 ▶▶ 計画 ▶▶ データ ▶▶ 分析 ▶▶ 結論 ▶▶ 問題

❶ 単元で育てる資質・能力

・同種の量の割合に関する知識及び技能を日常の事象に生かすことができる。

・同種の量の割合を基に，物事を判断できるようになる。また，その判断を支えるためにグラフ等を用い，筋道立って統計的探究を進めることができる。

・統計的探究活動を意欲的に行い，問題を追究することができる。

❷ 指導計画

時	学習内容
1・2	「じゃんけんが強いのは誰？」という問題に向き合った統計的探究プロセスを通して，同種の量の割合で判断すべき場面と方法について理解する。
3・4	第2回，第3回と，じゃんけん大会を継続的に行い，百分率と歩合の表現やその有用性について知る。
5・6	「Cさんはなぜ強いのか？」という問題に向き合った統計的探究プロセスを通して，円グラフと帯グラフの表し方やその有用性を知る。
7〜9	割合に関する種々の問題を通して，割合の理解を深める（割合を基に比較量を求めたり，基準量を求めたりする問題や割引に関する問題を扱う。また，円グラフや帯グラフにおける「その他」の扱いについても触れる）。
10〜12	「じゃんけんが強いクラスは？」のような問題を見いだし，統計的な問題解決が主体的にできる。また，友達が見いだした問題やその統計的探究プロセスに触れ，より多面的・多角的にデータを見る態度を身に付ける。

❸ 単元における「しかけ」と「しこみ」

🔑 しかけ 01

「じゃんけんの強さ」を題材に，統計的探究プロセスのサイクルを何度も回す単元指導計画にする。そうすることで統計的探究プロセスが「しこみ」となっていく。じゃんけんは「誰もができる」「短時間で多くのデータが取れる」「『勝敗』や『手』など，観点を分けやすい」「勝敗にこだわり過ぎず，自分のデータを程よい距離感で見ることができる」といったメリットがあると考える。生のデータを扱うことで，真に目的をもって統計的な問題解決活動を進める態度を引き出すことができる。

4 (1)第1時のねらい

同種の量の割合で判断すべき場面と方法について理解する。

4 (2)第1時の板書計画

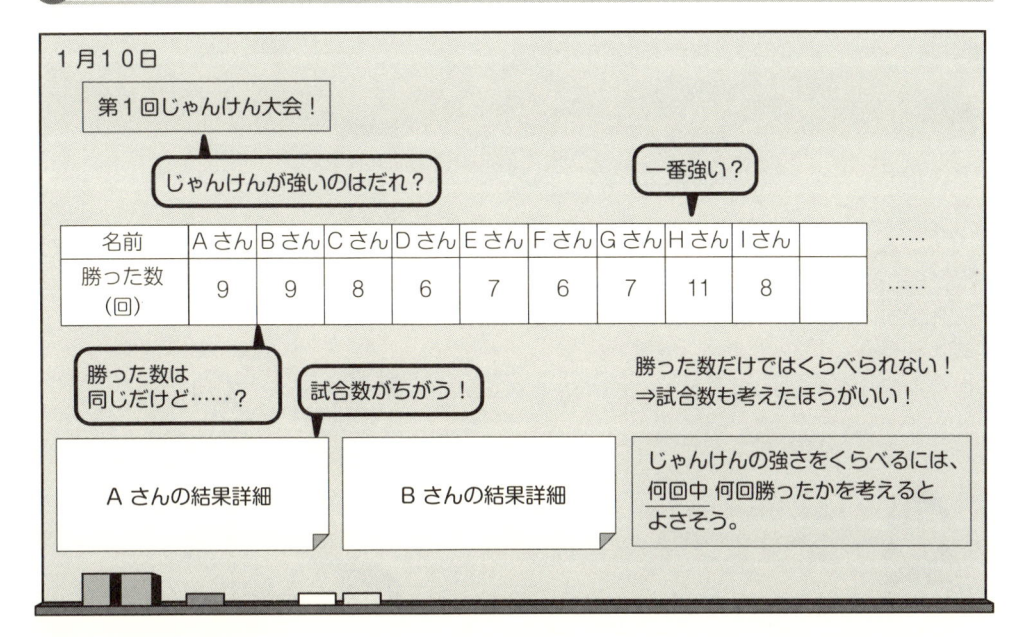

1月10日

第1回じゃんけん大会！

じゃんけんが強いのはだれ？

一番強い？

名前	Aさん	Bさん	Cさん	Dさん	Eさん	Fさん	Gさん	Hさん	Iさん		……
勝った数（回）	9	9	8	6	7	6	7	11	8		……

勝った数は同じだけど……？

試合数がちがう！

勝った数だけではくらべられない！
⇒試合数も考えたほうがいい！

Aさんの結果詳細

Bさんの結果詳細

じゃんけんの強さをくらべるには、何回中 何回勝ったかを考えるとよさそう。

4 (3)授業の流れ

①じゃんけん大会を開く。

じゃんけん大会をします。3分間でなるべくたくさんの人と対戦してください。結果は記録用紙に書き込みましょう

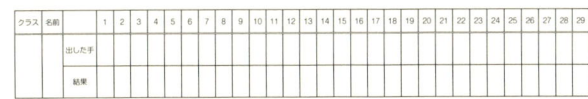

クラス	名前		1	2	3	4	5	6	7	8	9	10	11	12	13	14	15	16	17	18	19	20	21	22	23	24	25	26	27	28	29
		出した手																													
		結果																													

②「じゃんけんが強いのはだれ？」という問いをもつ。

Aさん、たくさん勝っていたね。Bさんもなかなか強かったなぁ

一番強いのは誰だろう？

一番よく勝った人かな？　一番負けなかった人かな？

じゃんけんが強いのはだれ？

▶ じゃんけんが強いのはだれ？［百分率とグラフ］ 基礎

🔑 しかけ 02

特に取り決めはせずにじゃんけん大会を行う。先に「じゃんけんが強い人は誰か」と問題を設定すると、試合数をそろえるなどして、割合が必要ある場面でなくなってしまう。あえて試合数がバラバラになるようにする。

🔑 しかけ 03

じゃんけんの強さを話題に挙げ、じゃんけんの結果に関心が向くようにする。
「強い」という判断について、結果から考えようとする態度を引き出す。

③勝った数で比べてみる。

> 強さを比べるには何を調べればいい
> ですか？

> 勝った数を比べればいいと思います

> それでは，みんなの勝った数を調べて
> いきましょう

> 試合数が違うけど，勝った数だけ
> で比べていいのかな？

名前	Aさん	Bさん	Cさん	Dさん	Eさん	Fさん	Gさん	Hさん	Iさん		……
勝った数（回）	9	9	8	6	7	6	7	11	8		……

> ぼくは9回勝ったよ。ちょうど半分
> だったみたい

> 私も9回勝ちました。でも負け
> も多かった気がします

> わかった！　Hさんが一番強いんだ！

> Aさんは勝ち，負け，あいこ，勝ち，……。
> Bさんは負け，勝ち，負け，……です

> 試合数が違うよ！　これだと比べられ
> ないんじゃないかな？

> じゃんけんの強さを考えるには「何回
> 中何回勝ったか」が大事だと思うな。
> 例えば，5回中5回勝つのと10回
> 中5回勝つのとでは，同じとは言え
> ないよ

> 10回中5回勝った人と10回中6回
> 勝った人なら比べやすいね

> 次はみんなの試合数も調べて，もう
> 一度分析し直してみましょう

 しかけ 04

最初は勝った数のみを
調べて整理する。子ど
もの結果を読み上げる
ことで，試合数に違い
があることに目を向け
させる。

🛠 しこみ 01

「そろえたい」という
態度を価値付ける。

5 (1)第2時のねらい

同種の量の割合で判断すべき場面と方法について理解する。

5 (2)第2時の板書計画

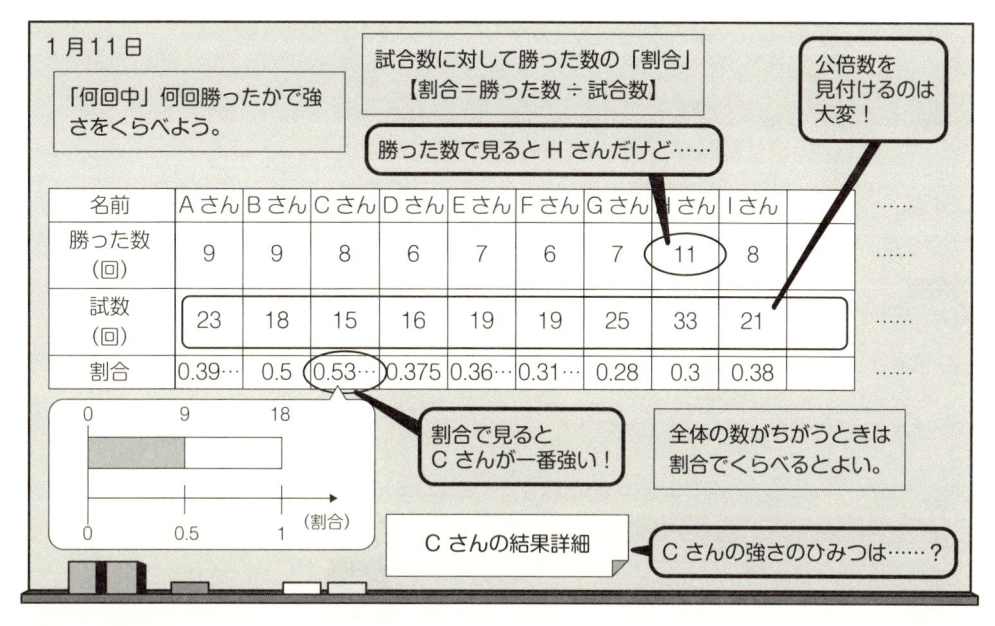

1月11日

「何回中」何回勝ったかで強さをくらべよう。

試合数に対して勝った数の「割合」
【割合＝勝った数÷試合数】

公倍数を見付けるのは大変！

勝った数で見るとHさんだけど……

名前	Aさん	Bさん	Cさん	Dさん	Eさん	Fさん	Gさん	Hさん	Iさん		……
勝った数 (回)	9	9	8	6	7	6	7	11	8		……
試数 (回)	23	18	15	16	19	19	25	33	21		……
割合	0.39…	0.5	0.53…	0.375	0.36…	0.31…	0.28	0.3	0.38		

割合で見るとCさんが一番強い！

全体の数がちがうときは割合でくらべるとよい。

Cさんの結果詳細

Cさんの強さのひみつは……？

5 (3)授業の流れ

①試合数を考慮した比べ方を考える。

23回中9回勝ったAさんと18回中9回勝ったBさん，どちらが強いと言えるかな？

「何回中」何回勝ったかで強さをくらべよう。

Bさんは半分勝っているけど，Aさんは半分も勝っていません。Bさんのほうが強いと言えます

Cさんは，半分より多く勝っているよ。みんなを比べるには……

EさんとFさんのように試合数がそろっていれば比べられます。試合数の公倍数を見つければ……

みんなの試合数の公倍数ってすごく大変だと思います。単位量当たりの大きさにそろえればいいと思います

🔑 しかけ 05

勝った数が同数の児童を取り上げ，「同じ強さ」と言えるかを考えさせる。試合数が同数のデータがあればその例も触れ，そろえる必要感から単位量当たりの大きさで比べられることを類推し，ここでは基準量を1と見たときの比較量という割合の見方につなげていく。

🔧 しこみ 02

「本当に同じかな？」「基準をそろえて比べたい」と考える態度を価値付ける。

77

② 「勝った数÷試合数」で割合が求められることを知り，割合を基に分析し直す。

Bさんは「半分勝っている」だったね。どうすればBさんの1試合当たりの勝った数が求められますか？

試合数を1にするので18で割ります。同じように（比例とみなして）勝った数の9を18で割れば0.5です

試合数を1と見たとき，勝った数は0.5となりますね。この0.5は勝った数の「割合」です

ぼくの割合はどうかな？　調べてみよう

それぞれ割合を求めてみてください。表に整理していきましょう

名前	Aさん	Bさん	Cさん	Dさん	Eさん	Fさん	Gさん	Hさん	Iさん	
勝った数（回）	9	9	8	6	7	6	7	11	8	……
試数（回）	23	18	15	16	19	19	25	33	21	……
割合	0.39…	0.5	0.53…	0.375	0.36…	0.31…	0.28	0.3	0.38	……

勝った数だと一番強そうなのはHさんだったけど，割合で考えるとCさんだね

③結論を出し，新たな問いをもつ。

CさんとHさんはどちらが強いと言えるかな？

たくさん勝っているからHさんのような気がしたけど……

割合ならそれぞれの試合数を1と見ているので，公平に比べられていると思います。Cさんと言えると思います

データを基に，こうした流れで解決していくと，より確かなことがわかってきます。データの集め方や分析の仕方も大切です。ちなみにCさんの結果はこのようになっています（出した手と勝敗の詳細を見せる）

ちょっと試合数が少ないな……。でも，どうしてCさんはこんなに強いんだろう？調べてみたいな

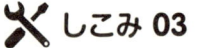 **しかけ 06**

勝った数での判断と勝率での判断を対比しやすくする。「じゃんけんの強さ」がより確かになってきたという考えを引き出す。

しかみ 03

「きっとそうだ」と考える態度を価値付ける。

 **しかけ 07**

一番強かった子どもの結果を見せて，その気付きなどから，今回の統計的探究の問題点を見いだしたり，新たな統計的探究を進めていけるようにしたりする。

しかみ 04

「この結論は正しいのかな？」「もっと考えたい」という姿を価値付ける。

6 (1)第5時のねらい

円グラフの表し方やその有用性を知る。

6 (2)第5時の板書計画

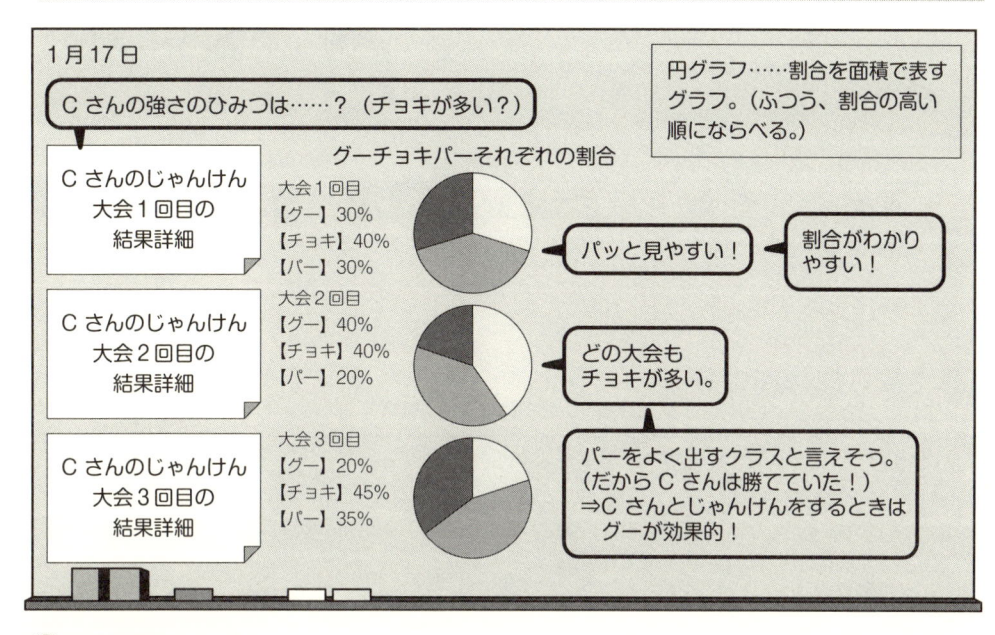

1月17日

Cさんの強さのひみつは……？（チョキが多い？）

円グラフ……割合を面積で表すグラフ。（ふつう、割合の高い順にならべる。）

Cさんのじゃんけん大会1回目の結果詳細

グーチョキパーそれぞれの割合

大会1回目
【グー】30%
【チョキ】40%
【パー】30%

パッと見やすい！

割合がわかりやすい！

Cさんのじゃんけん大会2回目の結果詳細

大会2回目
【グー】40%
【チョキ】40%
【パー】20%

どの大会もチョキが多い。

Cさんのじゃんけん大会3回目の結果詳細

大会3回目
【グー】20%
【チョキ】45%
【パー】35%

パーをよく出すクラスと言えそう。（だからCさんは勝てていた！）
⇒Cさんとじゃんけんをするときはグーが効果的！

6 (3)授業の流れ

①これまでのじゃんけん大会の結果を振り返り，「Cさんが強いのはなぜか」という問いをもつ。

Cさんはどうして強いんだろう？

なんだか，チョキが多そう？

Cさんの強さのひみつは……？（チョキが多い？）

②調査の計画を立てて，データを整理する。

記録表のチョキの割合を調べればわかります

③円グラフについて知り，割合を円グラフで表す。

割合を表すグラフとして，「円グラフ」があります。ここでは「グー」「チョキ」「パー」の順に表してみましょう

大会1回目
パー グー
チョキ

大会2回目
パー グー
チョキ

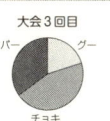
大会3回目
パー グー
チョキ

🔍 しかけ08

これまでの記録を取り溜めておき，傾向に目が向くようにして新たなデータの見方を引き出す。これまでの記録を集め直すことで，新たな結論が導かれることを味わわせる。

🔧 しこみ05

「観点を決めて集めよう」とする態度を価値付ける。

④円グラフを見て分析・考察する。

やっぱりチョキが多いみたい

2回目はグーの割合も高いね

Cさんはチョキでよく勝てていたんだね。ということは、みんなは逆にパーをよく出していたんだ。自分はどうかな？

Cさんとじゃんけんするときは、グーを出せば勝ちやすくなりそうだね

問題 ▶▶ 計画 ▶▶ データ ▶▶ 分析 ▶▶ 結論 ▶▶ 問題

🔍 しかけ 09

グー，チョキ，パーの割合と，大会ごとの勝った数の割合を関連付けることで，考察を深め，新たな問いを引き出す。

🔧 しこみ 06

「もっと探りたい」「試したい」という態度を価値付ける。

7 (1) 第6時のねらい

帯グラフの表し方やその有用性を知る。

7 (2) 第6時の板書計画

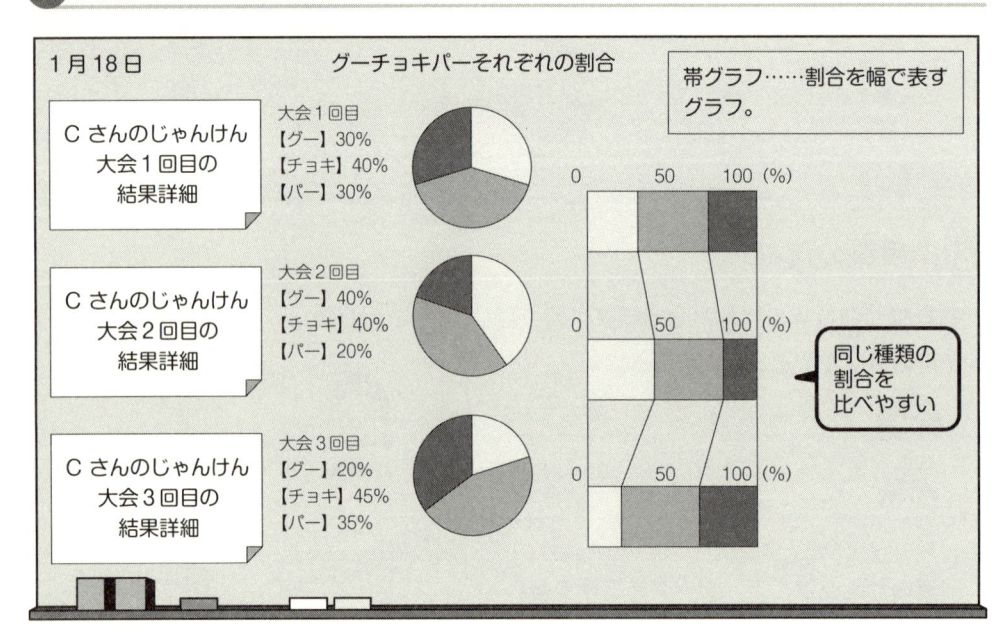

7 (3) 授業の流れ（概要のみ）

①帯グラフの表し方を知り，割合を帯グラフで表す。

②円グラフと帯グラフを比較する。

帯グラフは，同じ種類の割合を比べやすいね

③統計的探究プロセスを振り返る。

これまでのデータを集め直したら，また別のことがわかりました

グラフに表すとわかりやすくなりました

🔍 しかけ 10

円グラフと帯グラフを比較させることで，それぞれの有用性を引き立たせる。

🔧 しこみ 07

「目的に合わせてグラフを使い分けたい」という態度を価値付ける。

🔍 データの例，記録表

【データの例】　※グ……グー　チ……チョキ　パ……パー
　　　　　　　　　○……勝ち　△……あいこ　×……負け

クラス	名前	1	2	3	4	5	6	7	8	9	10	11	12	13	14	15	16	17	18	19	20	21	22	23	24	25	26
1組		グ	チ	グ	チ	パ	パ	パ	チ	チ	グ	パ	グ	パ	チ	グ	パ	グ	グ	チ							
		×	△	×	△	×	△	△	○	×	△	×	×	○	△	○	×	△	△	○							
1組		パ	パ	パ	グ	グ	パ	グ	パ	パ	グ	パ	パ	グ	グ	グ	チ	パ	パ	パ	グ	パ					
		○	○	△	△	△	×	○	×	×	×	△	△	○	○	○	×	○	○	○	×	○					
1組		チ	グ	グ	グ	チ	グ	グ	グ	チ	パ	グ	チ	パ	チ	グ	パ	グ	チ	グ							
		×	×	○	○	×	○	△	△	×	△	○	○	○	○	○	△	△	×	△							
1組		グ	グ	チ	チ	チ	グ	グ	パ	グ	パ	パ	グ	チ	グ	グ	グ	グ	パ	パ	チ	グ	グ	グ	グ	グ	
		△	△	×	×	△	○	△	×	△	△	△	○	×	△	×	×	×	△	○	○	○	○	○	○	△	
1組		グ	グ	グ	チ	パ	チ	グ	グ	グ	グ	グ	チ	グ	チ	グ	グ	グ	チ	グ	グ	チ	グ	グ			
		×	△	△	○	△	△	○	○	○	○	○	△	○	△	○	○	○	△	○	○	△	○	△			
1組		パ	チ	グ	パ	グ	チ	チ	パ	チ	チ	グ	パ	グ	パ	グ	チ	パ	グ	チ	パ						
		△	△	○	△	△	×	△	△	○	△	△	△	○	○	△	△	×	△	×	×						
2組		パ	チ	チ	パ	パ	グ	グ	パ	チ	グ	グ	チ	パ	パ	パ	チ	グ	パ	グ	パ						
		×	○	×	△	○	×	△	△	△	○	○	×	△	○	△	△	×	△	×	△						
2組		チ	パ	チ	チ	パ	グ	チ	パ	チ	パ	パ	チ	チ	パ	チ	パ	チ	パ	パ	チ						
		△	×	○	△	×	△	△	×	△	△	△	○	△	△	△	△	×	○	○							
2組		チ	チ	チ	グ	チ	パ	チ	グ	パ	パ	パ	グ	チ	グ	チ	パ	チ	グ								
		△	△	×	×	△	×	×	○	△	△	○	○	○	×	×	○	○	×								
2組		パ	パ	パ	グ	パ	パ	パ	グ	パ	パ	パ	グ	グ	パ	グ	パ	グ	グ								
		×	×	×	△	○	○	△	○	○	×	△	△	○	×	×	△										
2組		チ	チ	チ	パ	パ	パ	チ	グ	パ	パ	チ	パ	パ	グ	チ	パ	グ	チ	チ							
		△	△	△	○	○	○	×	△	△	×	○	△	×	○	×	×	△	×	○	△						

※右のような記録表を使って，じゃんけんの結果を記録していく（上記のように省略して書かせるとデータをたくさん取っていける）。
・クラスを書かせ，あいこも含めて記録を取るようにさせると，データの観点が広がり，「1組と2組で，じゃんけんが強いのはどちらのクラスか」や「勝ちだけではなく，あいこも含めて強さを考えてみよう」といった新たな問題を見いだしやすくなる。

【記録表】

	1	2	3	4	5	6	7	8	9	10	11	12	13	14	15	16	17	18	19	20	21	22	23	24	25	26	27	28	29
クラス																													
名前																													
出した手																													
結果																													

1年　2年　3年　4年　5年　6年　▼　じゃんけんが強いのはだれ？〔百分率とグラフ〕　基礎

5年 比べられない！

● 百分率とグラフ（基礎）

問題 ▷▷ 計画 ▷▷ **データ** ▷▷ **分析** ▷▷ 結論 ▷▷ 問題

❶ 単元で育てる資質・能力

資料における数量の比較や，全体や部分の関係の考察などで割合を用いる場合があることを知るとともに，資料を円グラフや帯グラフを用いて表したり，円グラフや帯グラフを使ったりして問題解決することができる。

❷ 指導計画

時	学習内容
1 （本時）	**資料からグラフの表し方を考え，円グラフの特徴を理解することができる。**
2	帯グラフや円グラフの読み方や特徴を理解することができる。
3	帯グラフや円グラフのかき方を理解することができる。
4	グラフから，割合や絶対量を読み取り，問題を解決することができる。

❸ 本時のねらい

・円グラフと棒グラフの違いについて考え，円グラフの特徴を理解する。

❹ 板書計画

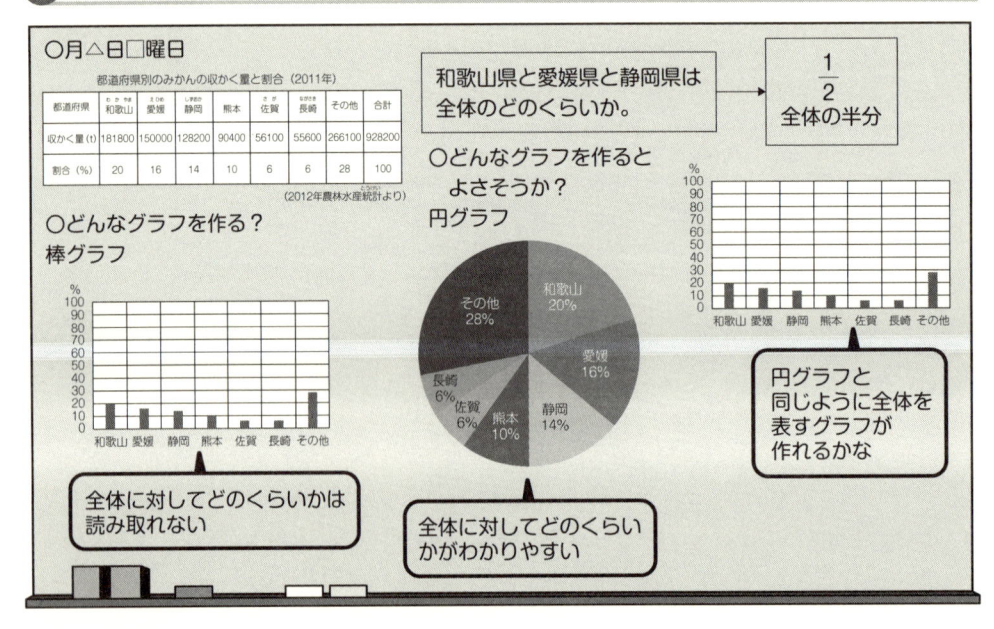

82

❺ 授業の流れ

①どんなグラフを作成するか考える

> この表を見てください
> どこの都道府県の収穫量が一番多いと思う？

都道府県別のみかんの収かく量と割合（2011年）

都道府県	和歌山	愛媛	静岡	熊本	佐賀	長崎	その他	合計

> 和歌山県かな？

> 私は愛媛県だと思うよ

> 静岡県も多そう

> では，収穫量と割合を見せますね

都道府県別のみかんの収かく量と割合（2011年）

都道府県	和歌山	愛媛	静岡	熊本	佐賀	長崎	その他	合計
収かく量(t)	181800	150000	128200	90400	56100	55600	266100	928200
割合（%）	20	16	14	10	6	6	28	100

（2012年農林水産統計より）

> 和歌山県が1番だ

> 静岡県は3番目に多かったのか

> では，みんなが予想をしていた和歌山県や愛媛県，静岡県は全体のどのくらいを占めているのかな？
> このグラフを見てください

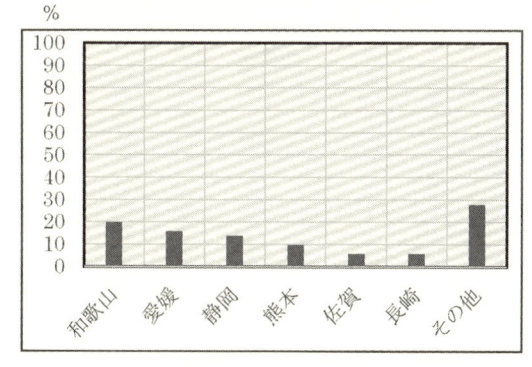

🔑 しかけ 01

提示資料を工夫する。
都道府県の収穫量やその割合について着目してほしいため，初めは，都道府県しかかいていない表を見せ，収穫量が一番多い都道府県を予想させる。

🔑 しかけ 02

全体量を意識させることにつなげる。
割合を棒グラフで表させる際，棒グラフを重ねると全体量になるようにするため，目盛りをわざと100まで記す。

あれ？ 棒グラフだと和歌山県がほかの都道府県よりも収穫量が多いことはわかるけど

棒グラフだと３つの都道府県が全体のどのくらいになるかはわかりづらいから，違うグラフのほうがいい

②どんなグラフを作成するとよいか考える。

では，どんなグラフだと問題が解決できそうですか？

> どんなグラフだと問題解決できるかな？

社会科の学習で円形のグラフを見たことがある

割合を表したグラフに「円グラフ」というものがあります。円グラフで表すとこうなります

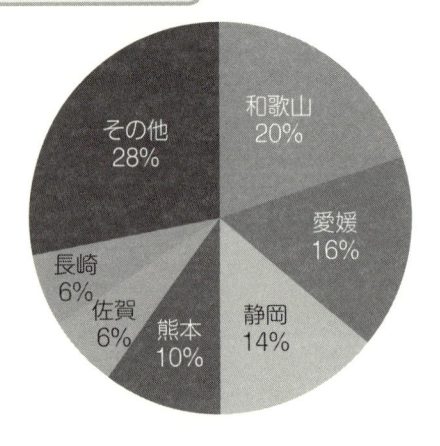

わかった，全体の半分になっている

円グラフだと，全体のどのくらいか，パッと見てわかりやすい

棒グラフの図も円グラフみたいに工夫すると，全体に対してどのくらいかを表すグラフになります。さて，どうするとよさそうかな？

🔧 **しこみ 01**

「棒グラフだと全体に対してどのくらいかが，わかりづらい」という気付きを価値付ける。

🔧 **しこみ 02**

「円グラフだと全体のどのくらいかわかりやすい」と円グラフのよさへの気付きを価値付ける。

🔑 **しかけ 03**

帯グラフにつなげる。先に提示した棒グラフを使って，棒グラフを重ねると帯グラフになることに気付かせる。

🔍 **データ** ※教科書に提示されていたデータをそのまま使用している。

都道府県別のみかんの収かく量と割合（2011年）

都道府県	和歌山	愛媛	静岡	熊本	佐賀	長崎	その他	合計
収かく量(t)	181800	150000	128200	90400	56100	55600	266100	928200
割合（%）	20	16	14	10	6	6	28	100

（2012年農林水産統計より）

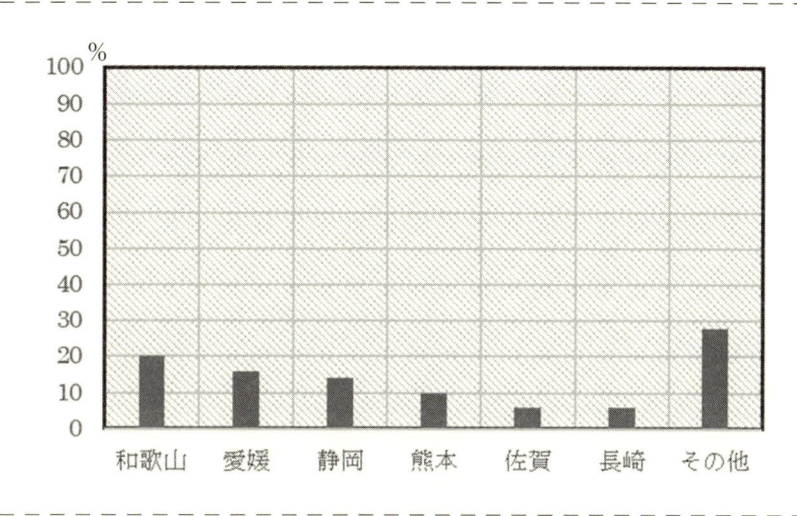

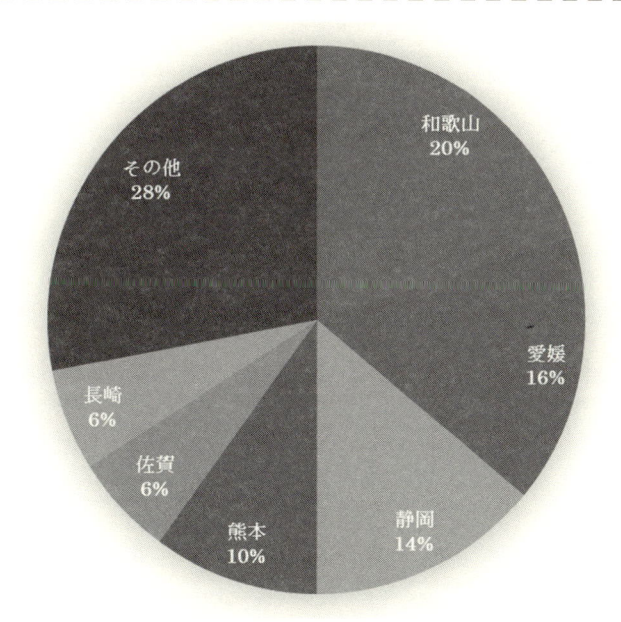

割合だけじゃわからない！

百分率とグラフ（基礎）

問題 ▶▶ 計画 ▶▶ データ ▶▶ **分析** ▶▶ **結論** ▶▶ 問題

① 単元で育てる資質・能力

データにおける数量の比較や，全体や部分の関係の考察などで割合を用いる場合があることを知り，データを円グラフや帯グラフで表したりして問題解決することができる。

② 指導計画

時	学習内容
1	帯グラフや円グラフの読み方や特徴を理解することができる。
2	帯グラフや円グラフのかき方を理解することができる。
3 （本時）	グラフから，割合や絶対量を読み取り，問題を解決することができる。

③ 本時のねらい

割合を比べるには，割合と絶対量の両方を読み取る必要があることを理解する。

④ 板書計画

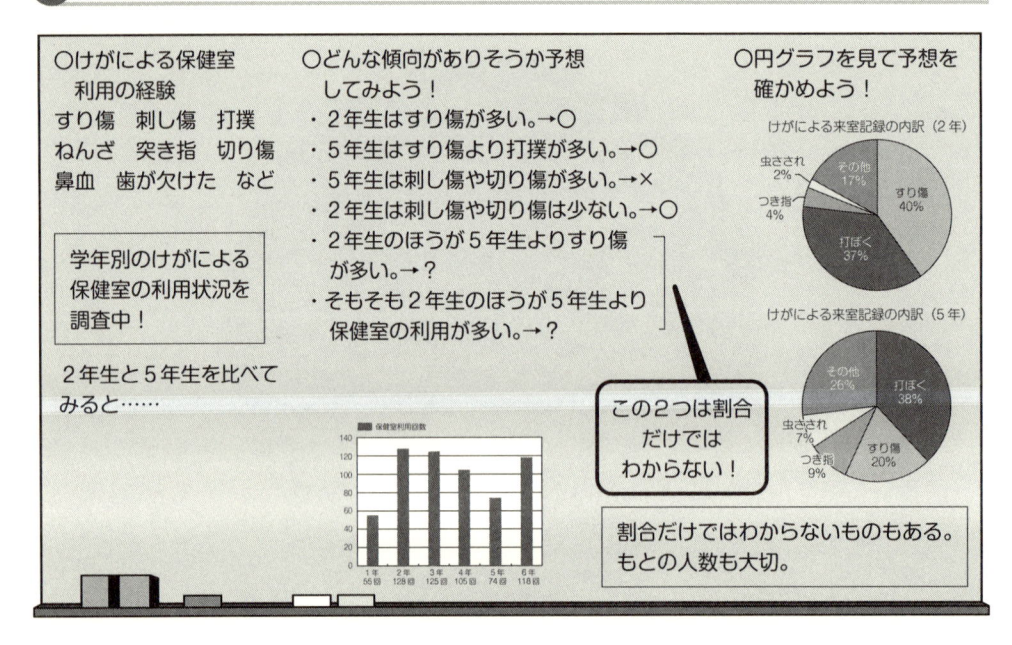

○けがによる保健室
　利用の経験
すり傷　刺し傷　打撲
ねんざ　突き指　切り傷
鼻血　歯が欠けた　など

学年別のけがによる
保健室の利用状況を
調査中！

2年生と5年生を比べて
みると……

○どんな傾向がありそうか予想
　してみよう！
・2年生はすり傷が多い。→○
・5年生はすり傷より打撲が多い。→○
・5年生は刺し傷や切り傷が多い。→×
・2年生は刺し傷や切り傷は少ない。→○
・2年生のほうが5年生よりすり傷
　が多い。→？
・そもそも2年生のほうが5年生より
　保健室の利用が多い。→？

この2つは割合
だけでは
わからない！

○円グラフを見て予想を
　確かめよう！

けがによる来室記録の内訳（2年）
その他 17%　すり傷 40%　打ぼく 37%　つき指 4%　虫さされ 2%

けがによる来室記録の内訳（5年）
その他 26%　打ぼく 38%　すり傷 20%　つき指 9%　虫さされ 7%

割合だけではわからないものもある。
もとの人数も大切。

⑤ 授業の流れ

①けがによる保健室利用の経験について話し合う。

> 今までどんなけがをして保健室を利用したことがありますか？

> 思いっきり走っていたら石につまずいて転んで保健室に行きました。すり傷です

> 友達とぶつかってけがをしました。打撲です

> みんないろいろなけがで保健室を利用しているんだな

🔑 **しかけ 01**

問題場面の経験について話し合う。
けがにはどんな種類があるかを確認し，自分たちにとって身近な場面であるという実感をもたせて，調べる意欲につなげる。

②「保健室の利用状況で，学年別のけがの種類の傾向について調べている」という目的を共有する。

> 今回は2年生と5年生のけがの種類の傾向について比べてみましょう

🔑 **しかけ 02**

目的意識を共有する。
本実践は分析から結論に重きを置くため，子どもの目的意識は低くなってしまう。たくさんけがをしているという事実から，「けがを減らすために保健室利用の傾向を調べる」と目的意識をもたせる。

③どのような傾向がありそうか予想する。

> 2つの学年で考えたとき，どのような傾向が見られそうですか？

> 2年生はよく転びそうなので，5年生よりもすり傷で保健室を利用する人が多いと思います

> 5年生は学習で刃物も使うし，切り傷などが多いと思います

> 5年生も切り傷よりはすり傷が多いと思います

> そもそも2年生のほうがたくさん保健室を利用していると思います

🔑 **しかけ 03**

予想させる。
ただ傾向を読み取らせるのではなく，予想を発表させ，意見の食い違いなどを生み出すことで，「実際はどうなのか」という考えを引き出す。

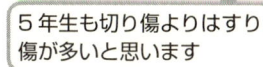

実際はどうなっているのだろうか

1年 2年 3年 4年 5年 6年

▼ 割合だけじゃわからない！［百分率とグラフ］ 基礎

④円グラフから予想が正しいか読み取る。

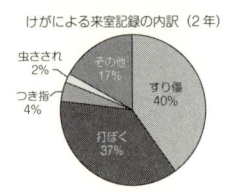 2年生と5年生の円グラフを見て、予想が正しいか確かめましょう

けがによる来室記録の内訳（2年）
虫さされ 2%
つき指 4%
その他 17%
すり傷 40%
打ぼく 37%

けがによる来室記録の内訳（5年）
その他 26%
打ぼく 38%
虫さされ 7%
つき指 9%
すり傷 20%

 5年生は切り傷が多いと思いましたが、4位までに切り傷はなく、4位の虫さされの7%よりも少ないと考えられるので、5年生は切り傷は多くないことがわかりました

⑤割合だけでは確かめられない予想について考える。

そもそも何人利用したか教えてください

割合だけでは確かめられない予想がありますか？

どちらの学年が保健室を多く利用しているかはわかりません！

あ！ 2年生のほうが5年生よりすり傷が多いということも割合だけではわかりません！

 もとの人数が違ったら、割合が大きいほうが人数が多いとは言い切れません

割合だけではわからないこともたくさんあるんだな

※その後、利用回数のデータも示し、予想を確かめる。

🔧 しこみ 01

「本当はどうなっているのだろう？」と自分たちの予想を確かめてみたいという態度を価値付ける。

🔑 しかけ 04

割合だけの偏ったデータを与え、データを見直す考えを引き出す。

🔧 しこみ 02

「○○だからこの予想は正しいと言える」など、予想が正しいか正しくないかを根拠を明らかにして判断しようとする態度を価値付ける。

🔧 しこみ 03

「割合だけではわからないよ」「何人利用したか教えてほしい」等と今あるデータだけでは判断できないので、別のデータをほしがる態度を価値付ける。

⑥「しかけ」と「しこみ」

🔑 しかけ 04

　児童の実態によっては、初めから「人数も知りたい」という発言が出てくることもある。その場合はその態度を価値付けつつ、「人数がなくてもわかる予想はないかな？」と割合だけでまずは考えさせ、後半に人数を与えることで、全員が「割合だけではわからないものがある」ということを実感できるようにする。

🔍 データ・アンケート

※保健室の利用状況の生のデータをグラフ化したものである。養護教諭等に利用状況のデータがあるか確認するとよい。予想を確かめるためのデータなので，生のデータでも十分に実践できる。もちろん創作のデータでもよい。以下にデータ例を添付する。

けがによる来室記録の内訳（2年）

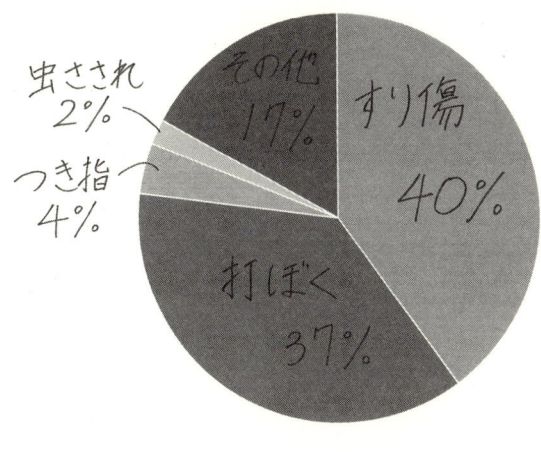

けがによる来室記録の内訳（5年）

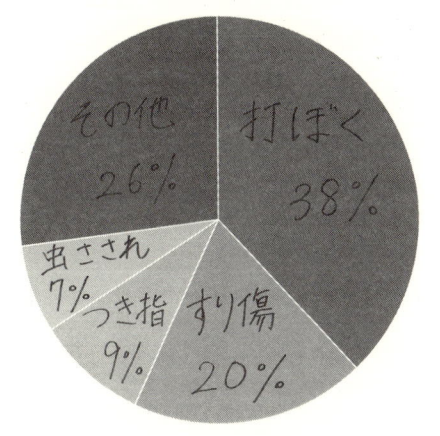

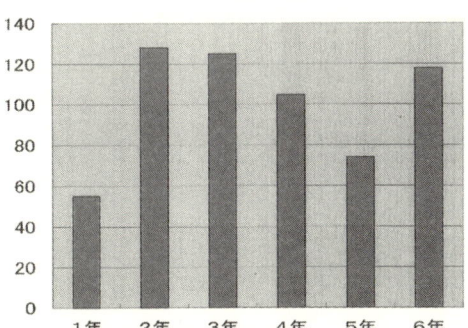

算数が好きなのは どちらかな?

5年

●百分率とグラフ（活用）

問題 ▶▶ 計画 ▶▶ データ ▶▶ **分析** ▶▶ **結論** ▶▶ 問題

❶ 本実践の位置付け

「割合」の単元後

	本実践で育てる資質・能力
1	**分析** 割合で算数が好きな人数を求めることができる。
	結論 「算数が好きなのはどちらか」という問題に対して，割合で比較した結果を基に結論付けることができる。 「1年生と5年生では教科の数が違う」「教科の数が違うのに割合が同じだと判断してよいのだろうか」と結論を批判的に考察することができる。 「共通する教科で調べたほうがよい」「複数回答をありにすればよいのではないか」等，より妥当な調べ方で調べる方法について振り返ることができる。

❷ 授業の流れ

本時のねらい

　教科数の違う学年での「好きな教科調べ」のデータを比較することを通して，より妥当なデータの収集方法について考えることができる。

90

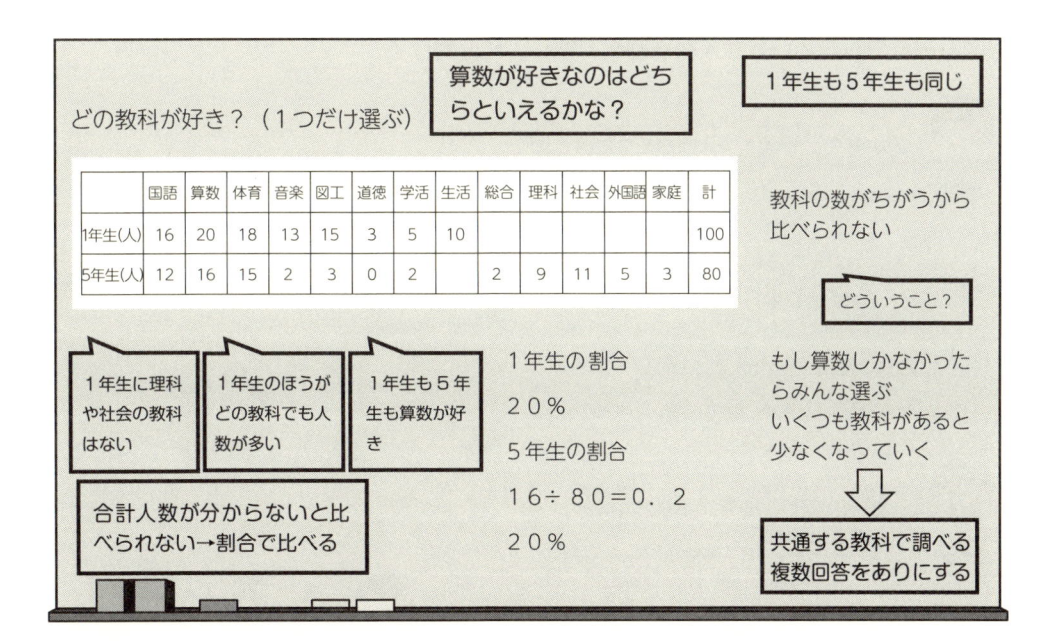

	国語	算数	体育	音楽	図工	道徳	学活	生活	総合	理科	社会	外国語	家庭	計
1年生(人)	16	20	18	13	15	3	5	10						100
5年生(人)	12	16	15	2	3	0	2		2	9	11	5	3	80

どの教科が好き？（1つだけ選ぶ）

算数が好きなのはどちらといえるかな？

1年生も5年生も同じ

教科の数がちがうから比べられない

どういうこと？

もし算数しかなかったらみんな選ぶ　いくつも教科があると少なくなっていく

↓

共通する教科で調べる　複数回答をありにする

- 1年生に理科や社会の教科はない
- 1年生のほうがどの教科でも人数が多い
- 1年生も5年生も算数が好き

合計人数が分からないと比べられない→割合で比べる

1年生の割合
20%

5年生の割合
$16 ÷ 80 = 0.2$
20%

①提示されたデータから読み取る

　何の教科が好きか聞く中で，好きな教科を1つだけに絞って集めたデータであることを押さえる。

 ある小学校の1年生と5年生に，好きな教科は何か聞いてみました

国語・算数・体育だけを提示する。

	国語	算数	体育
1年生(人)	16	20	18
5年生(人)	12	16	15

 どの教科も1年生のほうが多いです

1年生のほうが，算数が好きだと言えます

 全体の人数は同じなのかな？

🔑 しかけ 01

条件不足で提示する。国語，算数，体育と順番に掲示しながら，反応を板書していく。この3つのデータから読み取れることは何かを考えさせると同時に，「全体の人数は同じなのかな？」と考える態度を引き出す。

🔧 しこみ 01

「全体の人数は同じかな？」「全体の人数が知りたい」など，割合で比べようとする態度を価値付ける。

②それぞれの算数が好きな人数を割合で表し，結論付ける。

> 1年生と5年生の人数が知りたいです

	国語	算数	体育	計
1年生(人)	16	20	18	100
5年生(人)	12	16	15	80

1年生の算数が好きな人数の割合　20%

5年生の算数が好きな人数の割合　20%

> 割合が同じなので，どちらが好きとも言えない

> でも，1年生と5年生では教科の数が違うから……

	国語	算数	体育	音楽	図工	道徳	学活	生活	総合	理科	社会	外国語	家庭	計
1年生(人)	16	20	18	13	15	3	5	10						100
5年生(人)	12	16	15	2	3	0	2			2	9	11	5	3	80

③教科の数が違う（調べた数に違いがある）場合のデータの扱いについて考え，結論付ける。

> 例えば，教科が1つしかなかったら，みんな算数が好きということになります

> 教科の数が多いほど，1つの教科を選ぶ人が少なくなってしまうということね

> そうすると，5年生のほうが，算数が好きと判断してもよいと思います

> 共通する教科で調べないとはっきりとは比べられないね

🔑 しかけ 02

割合を同じにする。割合を同じにすることで，他の視点で比べられないかという見方を引き出す。

🔧 しこみ 02

「他の教科の結果を知りたい」「教科の数が違うので……」と他の視点で比べようとする態度を価値付ける。

🔑 しかけ 03

教科の違いに関するつぶやきを板書しておく。「条件がそろっていないと，単純に比較できない」という考えを引き出す。

🔧 しこみ 03

「共通する教科で調べないといけない」「複数回答をありにして調べればよいのでは？」等，データの収集方法への気付きを価値付ける。

🔍 データ・アンケート

	国語	算数	体育	計
1年生(人)	16	20	18	100
5年生(人)	12	16	15	80

	国語	算数	体育	音楽	図工	道徳	学活	生活	総合	理科	社会	外国語	家庭	計
1年生(人)	16	20	18	13	15	3	5	10						100
5年生(人)	12	16	15	2	3	0	2		2	9	11	5	3	80

教科の数を増やしたときに合計の人数を動かすことができるように，教科ごとに短冊にしておくとよい。

93

どちらのくじをひこうかな？

●資料の調べ方（基礎）

問題 ▸▸ 計画 ▸▸ データ ▸▸ **分析** ▸▸ **結論** ▸▸ 問題

① 単元で育てる資質・能力

平均値，中央値，最頻値といった様々な代表値を用いたり，階級の幅を工夫したりして
データの特徴や傾向を捉え，問題の結論について判断することができる。

② 指導計画

時	学習内容
1（本時）	２つの資料の傾向を代表値やちらばりによって比較できることを理解することができる。
2	度数分布のつくり方や読み方を理解することができる。
3	柱状グラフの読み方，かき方を理解することができる。
4	資料を読み取って考察したことを，判断の根拠として表現できる。

③ 本時のねらい

平均値だけでは特徴を捉えることができないデータを，ちらばりや様々な代表値で捉え，
判断する。

④ 板書計画

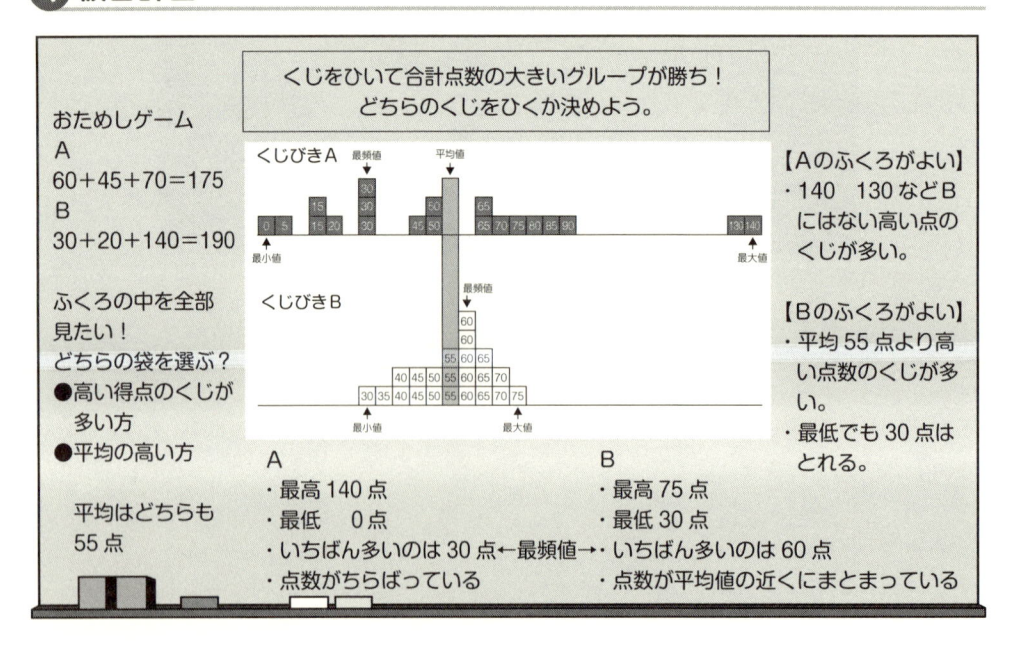

❺ 授業の流れ

①おためしゲームをする。

ＡとＢのどちらかの袋から１人１枚くじを
ひいて，合計点数の高いほうが勝ちです。
どちらの袋のくじにしますか？

60 45 70 で，175点だ

30 20 140 で190点。
やったー！　勝った！

グループでどちらか一方の袋を選んで，
グループの合計点数を競います。どちら
の袋にしますか？

袋の中のくじは同じかな？

袋の中のくじを全部見せてほしい

どうして？

高い点数が多いほうを選ぶ

平均の点数が高いほうを選ぶ

②袋の中のくじを全部出し，点数を確認する。

くじびきＡ

80	5	45	30	90
50	75	135	15	20
30	0	65	75	85
50	65	30	140	15

くじびきＢ

30	70	45	55	40
65	55	35	75	60
00	40	55	00	45
70	50	65	50	60
60	65			

🔑 しかけ 01

１回のゲームで選ぶ袋
を判断させる。
子どもが袋の中のくじ
の枚数や点数に関心を
もち，「すべてのくじ
を見せてほしい」とい
う発言を引き出す。

🔑 しかけ 02

ＡとＢそれぞれの平均
値が同じになるくじを
作る。
子どもが平均値以外の
代表値や点数の分布で
見る見方を引き出す。

🔑 しかけ 03

くじをランダムに黒板
に貼る。まとめたり，
順に並べたりする態度
を引き出す。

勝てそうなのはどちらの袋かな？

Aは20枚，Bは22枚のくじが入っているよ。平均はどちらも55点で同じだ

Bの最高得点は75点だけど，Aは140点だ。Aのくじのほうが勝てそうだな

AはBよりも点数がバラバラだよ。Bは平均に近い数が多いね

 本当に？

点数のちらばりはどうなっているのかな？

点数のカードを順番に並べてみれば，はっきりするんじゃないかな

③くじを並べ直し，それぞれの袋に入ったくじの点数の特徴や傾向を考え，どちらの袋にするか決める。

Aは30点のくじがいちばん多くて，Bは60点がいちばん多いよ

Bは平均の55点の近くにカードが集まっているけれど，Aはちらばっているよ

 AとBどちらの袋にしますか。理由も考え，発表しましょう

Aには80，85，90，135，140と，高い点数のくじがあるから，Aのくじがいいな

Aは平均の55点以上のくじが9枚しかないけど，Bは14枚もあるから，Bのくじがいいな

④実際にゲームをする。

　学級をいくつかのグループに分け，1人1枚ずつくじをひき，合計点を求める。1度ひいたくじは袋に戻して，次の子どもがくじをひくようにする。

✖ **しこみ 01**

同じ点数でまとめたり，順に並べたりする態度を価値付ける。

✖ **しこみ 02**

「一番多い」「集まっている」「ちらばっている」などの発言を価値付ける。併せて，「最頻値」「中央値」「ちらばり」などの用語を指導する。

⊗ データ・アンケート

掲示用のくじびき ・黒板上で自由に動かせるように，カードにして裏にマグネットを付ける。
・分布を明らかにするために横並びに貼れる大きさで作る。
配布用のくじびき ・子どもが切って机上で並べ替えたり，ノートに貼ったりできる大きさで作り，1人に1枚配布する。

くじびきA

80	5	45	30	90
50	75	135	15	20
30	0	65	75	85
50	65	30	140	15

くじびきB

30	70	45	55	40
65	55	35	75	60
60	40	55	60	45
70	50	65	50	60
60	65			

分布を表すグラフ

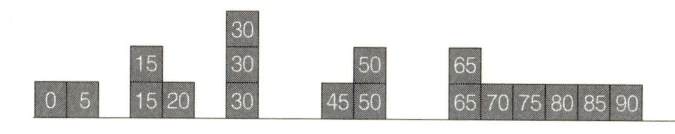

97

6年 わたしたちの時間の使い方

資料の調べ方（基礎）

問題 ▶▶ 計画 ▶▶ データ ▶▶ 分析 ▶▶ 結論 ▶▶ 問題

① 単元で育てる資質・能力

平均や散らばりの様子などを用いて，資料の特徴について統計的に考察することができる。

② 指導計画

時	学習内容
1	自分が何にどのくらい時間を使っているのかを書き出したり，友達の時間の使い方を知ったりすることを通して，時間の使い方について問題設定をしたり解決の計画を立てたりすることができる。
2	収集したデータをどのようなものに整理したらよいか話し合い，平均を求めたり時間ごとにカードを並べ替えたりすることができる。度数分布表，柱状グラフをかくことができる。
3・4	自分が選択した項目に応じた区間を工夫しながら，度数分布表や柱状グラフにデータを整理し，傾向を捉えることができる。
5	睡眠時間や自分の選択した項目について，このクラスのよくできているところや改善したほうがよいところなどをポスターにまとめることができる。

③ 単元における「しかけ」と「しこみ」

🔑 しかけ 01・02

本単元では，子どもたち一人一人が興味のある問題を設定し，統計的な解決の仕方を学んでいく。どの子どもも問いをもち，それを追究し続けることができるようにするために，「①子どもたち全員にとって身近な題材であること」「②様々な観点から追究できること」「③統計的に考察した結果，数学的に面白いことが見いだせること」を大切にした。

②については，学年，曜日，性別など様々な観点からの追究が考えられる。また③については，どのような問題を設定するか（睡眠時間，家庭学習時間，テレビ・ゲーム時間など）によって，データのばらつきの様子が異なるという面白さがある。様々な時間について柱状グラフに表すことによって，1つのきれいな山型になるもの，2つの山ができるもの，目立った山はなくばらつきがあるものなど，時間の使い方によって学級の傾向が異なることを視覚的に捉えることができる。

❹第 1 時⑴ねらい

　自分が何にどのくらい時間を使っているのかを書き出したり，友達の時間の使い方を知ったりすることを通して，時間の使い方について問題設定をしたり解決の計画を立てたりすることができる。

❹⑵板書計画

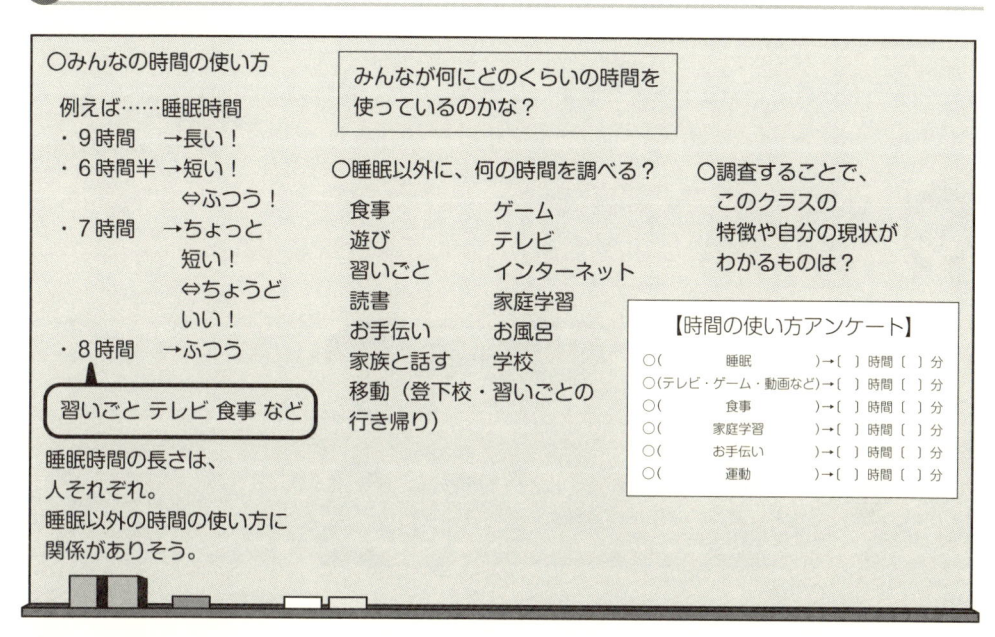

〇みんなの時間の使い方

例えば……睡眠時間
・9 時間　→長い！
・6 時間半 →短い！
　　　　　⇔ふつう！
・7 時間　→ちょっと
　　　　　短い！
　　　　　⇔ちょうど
　　　　　いい！
・8 時間　→ふつう

習いごと テレビ 食事 など

睡眠時間の長さは、
人それぞれ。
睡眠以外の時間の使い方に
関係がありそう。

みんなが何にどのくらいの時間を
使っているのかな？

〇睡眠以外に、何の時間を調べる？

食事　　　　ゲーム
遊び　　　　テレビ
習いごと　　インターネット
読書　　　　家庭学習
お手伝い　　お風呂
家族と話す　学校
移動（登下校・習いごとの
行き帰り）

〇調査することで、
　このクラスの
　特徴や自分の現状が
　わかるものは？

【時間の使い方アンケート】
〇（　　　　睡眠　　　　）→［　］時間［　］分
〇（テレビ・ゲーム・動画など）→［　］時間［　］分
〇（　　　　食事　　　　）→［　］時間［　］分
〇（　　家庭学習　　）→［　］時間［　］分
〇（　　お手伝い　　）→［　］時間［　］分
〇（　　　運動　　　）→［　］時間［　］分

❹⑶授業の流れ

①睡眠時間を例に，人によって時間の使い方に違いがあること
　を知り，問題設定をする。

中学校に行くと，生活の仕方がずいぶん変わるといいます。今，みなさんはどんな時間の使い方をしているでしょう？例えば，睡眠時間。みなさんは，毎日どのくらい寝ていますか？

ぼくは毎日，だいたい 10 時に寝て 7 時半に起きるから，9 時間半くらい

えっ，私は 6 時間半しか寝ていない……。ついついテレビを遅くまで見てしまって，宿題を夜遅くにしちゃうんだよなあ

🔑 **しかけ 01**

睡眠時間が短い（または長い）理由を考えさせる。そして，睡眠以外のことに使っている時間についても話題に挙げる。

睡眠時間は，子どもによってばらつきが大きく出るものである。ばらつきの理由を考える中で，睡眠以外のことをしている時間に目が向くようになり，様々な生活時間について調べたいという意欲をもたせることができる。

同じ小学6年生でも，睡眠時間は人によってバラバラだね

バラバラになるのは，宿題や習い事をどのくらいしているかに関係がありそう

みんなは，何にどのくらいの時間を使っているのかな？

②どのような項目についてデータを収集したらよいか話し合う。

睡眠時間の他に，どんな項目を設定したら，自分たちの生活の仕方がわかるでしょうか？

食事や家庭学習は全員が必ずやっていることだから，入れたほうがいいと思います

私はピアノや読書をよくしているけれど，友達の中にはほとんどしていない人もいます。どうしたらいいかな？

【時間の使い方アンケート】

○（　　　　睡眠　　　　）→〔　〕時間〔　〕分
○（テレビ・ゲーム・動画など）→〔　〕時間〔　〕分
○（　　　　食事　　　　）→〔　〕時間〔　〕分
○（　　　家庭学習　　　）→〔　〕時間〔　〕分
○（　　　お手伝い　　　）→〔　〕時間〔　〕分
○（　　　　運動　　　　）→〔　〕時間〔　〕分

ほとんどの人がやっていそうなことを選んだほうがいいと思います

③自分の「時間の使い方」をワークシートに書く。

🔑 しかけ 02

「睡眠」のみが埋められたワークシートを配布する。「調査によってクラスの実態がわかりそうなもの」という視点で項目を出し合い，初回は大まかな項目でデータを収集する。
初めに大まかな項目で調査を行うことにより，「次はもっと詳しく調べてみたい！」と子どもたちが次の課題をもつことができるようにする。

※家庭環境の違い等プライバシーに配慮し，ワークシートは無記名とする。

5 第2時(1)ねらい

　収集したデータをどのようなものに整理したらよいか話し合い，平均を求めたり時間ごとにカードを並べ替えたりすることができる。度数分布表，柱状グラフをかくことができる。

5 (2)板書計画

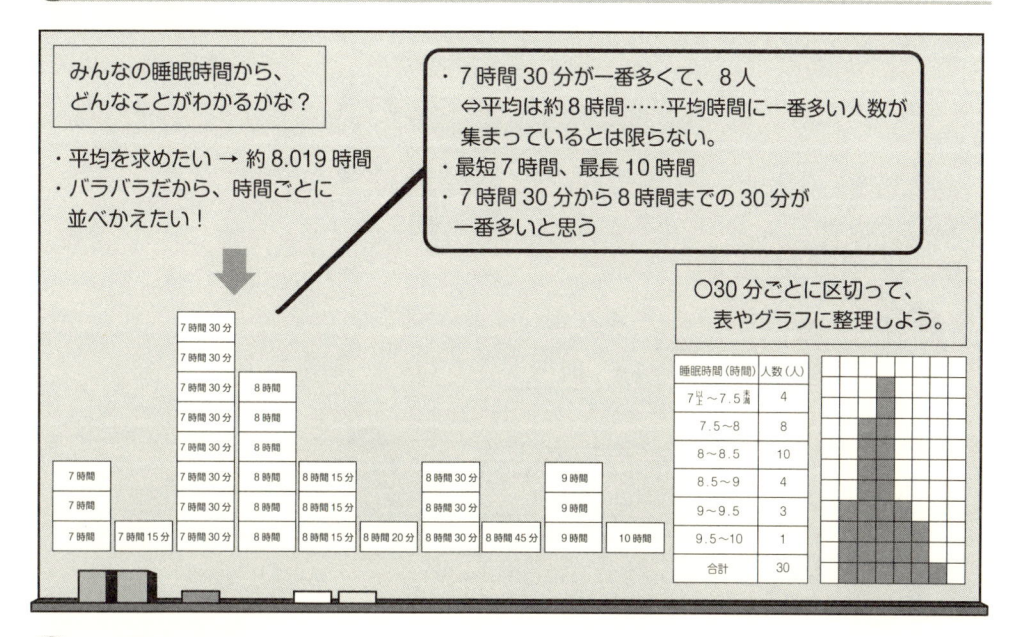

みんなの睡眠時間から、
どんなことがわかるかな？

・平均を求めたい → 約8.019時間
・バラバラだから、時間ごとに
　並べかえたい！

・7時間30分が一番多くて、8人
　⇔平均は約8時間……平均時間に一番多い人数が
　　集まっているとは限らない。
・最短7時間、最長10時間
・7時間30分から8時間までの30分が
　一番多いと思う

○30分ごとに区切って、
　表やグラフに整理しよう。

睡眠時間(時間)	人数(人)
7以上〜7.5未満	4
7.5〜8	8
8〜8.5	10
8.5〜9	4
9〜9.5	3
9.5〜10	1
合計	30

カード：
7時間30分／7時間30分／7時間30分／7時間30分／7時間30分／8時間／8時間／8時間
7時間／7時間／7時間／7時間15分／7時間30分／8時間／8時間15分／8時間15分／8時間15分／8時間20分／8時間30分／8時間30分／8時間30分／8時間45分／9時間／9時間／9時間／10時間

5 (3)授業の流れ

①睡眠時間を例に，データをどのように整理するか話し合う。

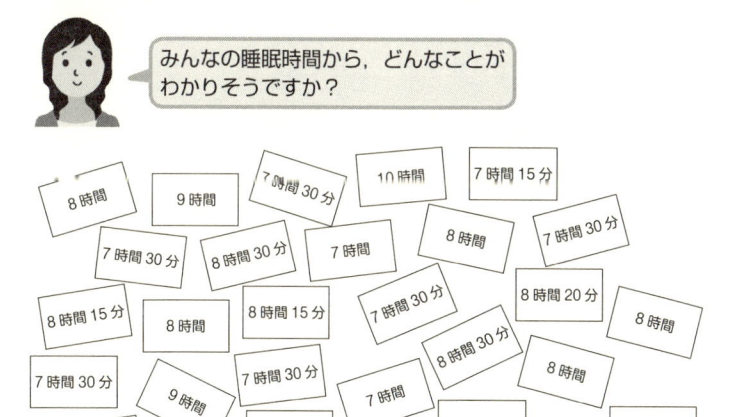

みんなの睡眠時間から，どんなことが
わかりそうですか？

8時間／9時間／7時間30分／10時間／7時間15分／7時間30分／8時間30分／7時間／8時間／7時間30分／8時間15分／8時間／8時間15分／7時間30分／8時間20分／8時間／7時間30分／9時間／7時間30分／7時間／8時間30分／8時間／8時間／7時間／8時間30分／7時間30分／7時間30分／8時間／8時間45分／9時間／8時間15分

🔑 しかけ03

睡眠時間のデータを，カードでバラバラに黒板に貼って提示する。あえてバラバラに置くことにより，「並べよう」という子どもの思考を引き出す。子どもたちが資料の特徴を見いだす際，「平均」に着目することが多いが，「平均」の他にも資料分析の視点があることに気付かせる。

うーん……このままだと見づらいから，きれいに並べ替えたいな

		7 時間 30 分					
		7 時間 30 分					
		7 時間 30 分	8 時間				
		7 時間 30 分	8 時間				
		7 時間 30 分	8 時間				
7 時間		7 時間 30 分	8 時間	8 時間 15 分	8 時間 30 分	9 時間	
7 時間		7 時間 30 分	8 時間	8 時間 15 分	8 時間 30 分	9 時間	
7 時間	7 時間 15 分	7 時間 30 分	8 時間	8 時間 15 分	8 時間 20 分	8 時間 30 分	8 時間 45 分	9 時間	10 時間

平均も求めてみたいな！

② 度数分布表や柱状グラフのかき方を知り，睡眠時間について，それらを用いてデータを整理する。

並べたカードを見ると，7 時間 30 分～8 時間の 30 分間が一番多くなりそう

平均だけではわからないことも，この並べ方ならわかるね

30 分間に着目したのですね。30 分や 1 時間など，ある時間ごとにまとめて表す表やグラフがあります。30 分ごとの区切りにして，表やグラフにまとめてみましょう

〔表 1〕

睡眠時間（時間）	人数（人）
7 以上 ～ 7.5 未満	4
7.5～8	8
8～8.5	10
8.5～9	4
9～9.5	3
9.5～10	1
合計	30

〔グラフ 1〕

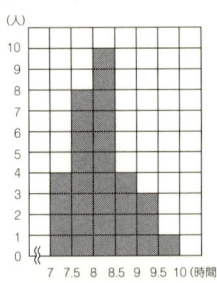

③ 度数分布表や柱状グラフを読み取ったり，「学級全体について表す柱状グラフの中で自分はどの位置にいるのか」を見つけ今後の時間の使い方を考えたりする。

はじめの分け方だとバラバラだったけど，山のようにまとまって見えてきたね

しこみ 01

並べ替えたカードから，「最も人数が多いところ」（最頻値），「最も（睡眠時間が）長いところ」（最大値），「最も（睡眠時間が）短いところ」（最小値）など，特徴を捉える視点を価値付ける。

⑥ 第3・4時(1)ねらい

　自分が選択した項目に応じた区間を工夫しながら，度数分布表や柱状グラフにデータを整理し，傾向を捉えることができる。

⑥ (2)板書計画

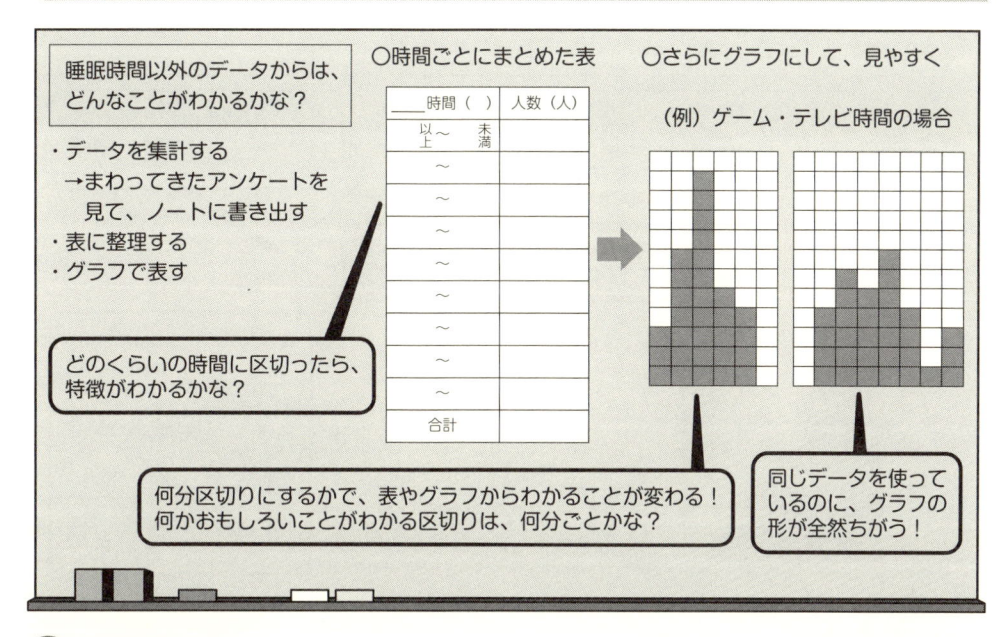

⑥ (3)授業の流れ

①前時の学習を基に，お手伝い時間，テレビ・ゲーム時間など自分で項目を決めて，度数分布表や柱状グラフにデータを整理する。

睡眠時間と同じように30分区切りにすると，お手伝い時間の柱状グラフは数本しかつくられないね

お手伝い時間の特徴を知るためには，15分，20分などもっと短い時間で区切ったほうがよさそうだね

②同じ項目ごとにグループをつくり，各自がかいた度数分布表や柱状グラフを互いに比較・検討する。

同じデータを整理しても，区切る時間の長さによって，グラフのでこぼこ具合が全然違うんだね

③度数分布表や柱状グラフを読み取ったり，全体を表す柱状グラフの中で自分はどの位置にいるのかを比較したりする。

🔍 しかけ 04

初めは個人でデータを整理する。自分が選択した項目では，何時間もしくは何分区切りにするとよいのかを子ども一人一人が考え，選択する。

初めに個人で考えることで，子どもによって区間設定が異なる状況をつくり，区間設定によって見いだせる結論が異なる考えを引き出す。

🔧 しこみ 02

どのような区間設定が適切か，いくつかの柱状グラフを比較する態度を価値付ける。

7 第5時(1)ねらい

睡眠時間や自分の選択した項目について，このクラスのよくできているところや改善したほうがよいところなどをポスターにまとめることができる。

7 (2)板書計画

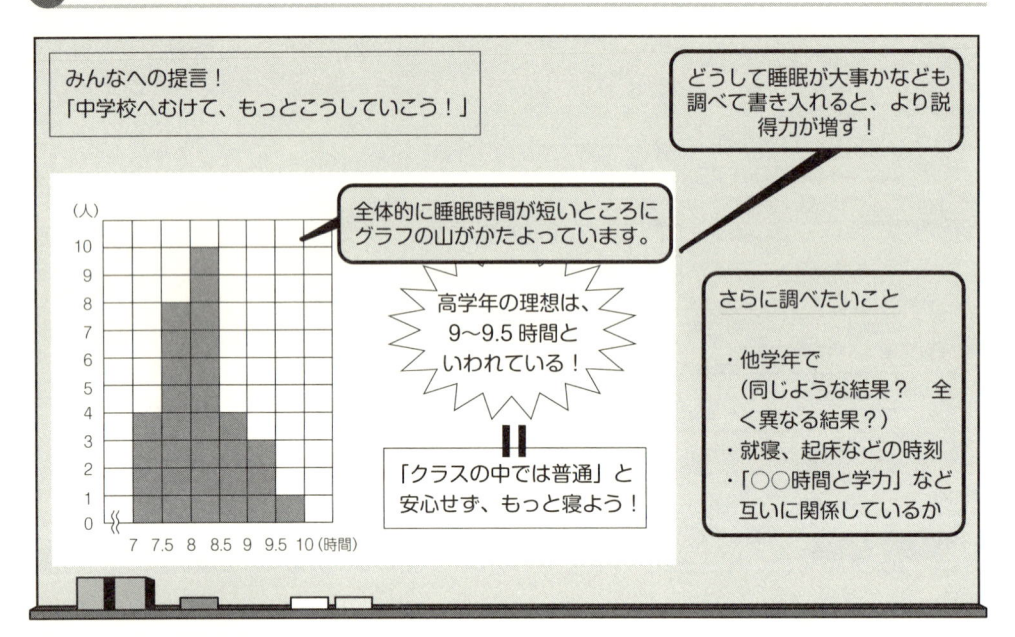

7 (3)授業の流れ

①柱状グラフを用いて，そこから読み取れることをポスターにまとめる。

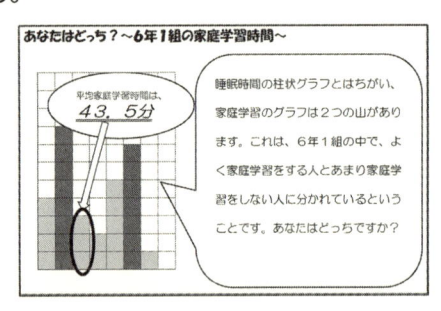

※家庭科「生活時間を工夫しよう」の学習と合わせ，合科的に行う。

②もっと調べたいことを見つける。

他の学年で調べても同じような結果になるのかな？

それは，何に使う時間なのかによって違うんじゃないかな。もっと調べてみたいな

🔧 しこみ 03

今回の解決を基に，さらに焦点を絞って調査しようとする子どもの姿や，対象を変えて調査しようとする子どもの姿を価値付ける。

🔍 データ・アンケート

※本実践は，基本的に子どもたちが学級全体にアンケート調査をし，そこから得た生のデータを分析していくことを想定している。
ただし，様々な学級事情によりアンケート調査が難しい場合のために，データ例を添付する。

〈家庭学習時間の例〉

	時間（分）
1	0
2	0
3	0
4	10
5	15
6	15
7	15
8	20
9	20
10	20

	時間（分）
11	20
12	25
13	30
14	30
15	40
16	45
17	45
18	60
19	60
20	60

	時間（分）
21	60
22	70
23	75
24	75
25	75
26	80
27	80
28	80
29	80
30	100

家庭学習時間（分）	人数（人）
0 以上 ～ 15 未満	4
15 ～ 30	8
30 ～ 45	3
45 ～ 60	2
60 ～ 75	5
75 ～ 90	7
90 ～ 105	1
合計	30

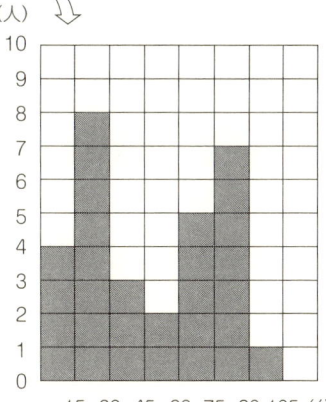

※平均値＝ 43.5（分）

〈テレビ・ゲーム時間の例〉

テレビ・ゲーム時間（分）	人数（人）
0 以上 ～ 45 未満	3
45 ～ 90	7
90 ～ 135	11
135 ～ 180	5
180 ～ 225	4
合計	30

	時間（分）
1	30
2	30
3	30
4	45
5	60
6	60
7	60
8	60
9	70
10	80

	時間（分）
11	90
12	90
13	90
14	100
15	100
16	120
17	120
18	120
19	120
20	120

	時間（分）
21	130
22	135
23	150
24	150
25	150
26	170
27	180
28	210
29	210
30	220

※平均値＝ 110（分）

テレビ・ゲーム時間（分）	人数（人）
0 以上 ～ 30 未満	0
30 ～ 60	4
60 ～ 90	6
90 ～ 120	5
120 ～ 150	7
150 ～ 180	4
180 ～ 210	1
210 ～ 240	3
合計	30

データの収集方法は
公平にしないと

6年

● 資料の調べ方（活用）

問題 ▶▶ 計画 ▶▶ データ ▶▶ 分析 ▶▶ 結論 ▶▶ 問題

❶ 本実践の位置付け

「資料の調べ方」の単元後

時	本実践で育てる資質・能力
1	**問題** はし使い名人ゲーム（立方体を移動するゲーム）のルールを理解し，自分たちでデータを収集し，収集したデータから，「クラスの中での自分の記録は？」「このクラスの記録は？」と集団の傾向を考えたり，自分の記録と集団を比較したりすることができる。
	計画 はし使い名人ゲームについて，データの収集方法を考え，どのように測定すれば公平なデータを収集できるのかを決めることができる。
	データ 自分たちで決めた収集方法を基に，タイムを測定し，データを収集することができる。
	結論 「自分の記録はクラスの中でどうなのか？」「自分たちの集団として傾向は？」ということを考えることができる。
	問題 データの収集から結論までの一連の流れを経験することで，「今度は，ほかの集団の記録も調査してみたい」と，新たな問題を発見することができる。

❷ 授業の流れ

データの収集方法をそろえなければないことに気付き，自分たちのデータを実際に収集・分析することができる。

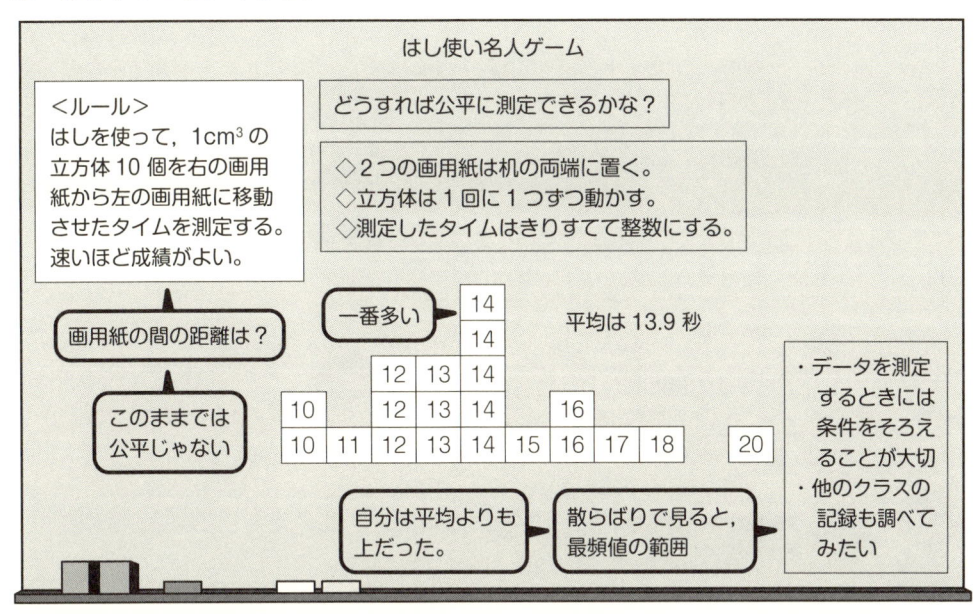

はし使い名人ゲーム

<ルール>
はしを使って，1cm³ の立方体 10 個を右の画用紙から左の画用紙に移動させたタイムを測定する。速いほど成績がよい。

どうすれば公平に測定できるかな？

◇2 つの画用紙は机の両端に置く。
◇立方体は 1 回に 1 つずつ動かす。
◇測定したタイムはきりすてて整数にする。

画用紙の間の距離は？

このままでは公平じゃない

一番多い

平均は 13.9 秒

			14				
			14				
	12	13	14				
10		12	13	14		16	
10	11	12	13	14	15	16	17	18		20

・データを測定するときには条件をそろえることが大切
・他のクラスの記録も調べてみたい

自分は平均よりも上だった。

散らばりで見ると，最頻値の範囲

---

①ゲームの内容を理解する。

「はし使い名人ゲーム」をします。
はしを使って，1cm³ の立方体 10 個を右の画用紙から左の画用紙に移動させたタイムを測定する。速いほど成績がよい

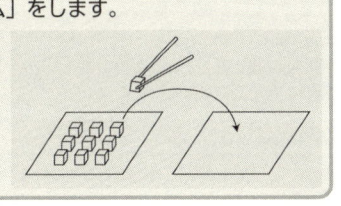

画用紙の距離はどうすればいいの？

画用紙の距離がばらばらだと，公平じゃない

「公平じゃない」というのはどういうことかな？

🔑 しかけ 01

ゲームのルールを大まかに伝える。
あえて細かく示さないことで，子どもたちの目が測定方法に向くようにする。

🔑 しかけ 02

「不公平だ」という言葉に対して「どいうことかな？」と問い返す。
問い返すことで，全員に測定方法の「公平さ」について考えるよう促す。

画用紙の距離を近くしたら，遠い人よりもタイムが速くなってしまうよ

どうすれば公平に測定することができるのかな？

どこからどこまでか距離をそろえないといけない。画用紙を机の両端に置けば距離が同じになるよ

測定したタイムの小数点以下は切り捨てて，整数にしたらいいんじゃないかな

立方体は1回に1つだけ動かす。2ついっぺんにつかむのはなしにしよう

データを集めるときには，条件をそろえて比べることが大切なのですね

②データの収集方法を整理する。

では，みんなが言ったことをまとめます
・机の端から端まで動かす
・立方体は1回に1つ動かす
・測定したタイムは切り捨てて小数第1位までの概数にする

③実際に測定し，データを収集する。

データを測定して，調べてみよう

　2人1組のペアで交互にタイムを測定する。測定にはストップウォッチを使用する。

🔧 しこみ 01

「画用紙の距離」「立方体を動かす個数」「測定した数値の処理」など，データの測定方法について，そろえようとする態度を価値付ける。

🔑 しかけ 03

実際に自分たちのデータを収集することで，「自分は集団の中のどれくらいの位置か」「集団としての成績はどうか」という分析への意欲を高める。

測定した記録をカードに記入する。

14		18

④測定したデータを並べて，データを分析する。

自分たちで測定したデータを黒板に貼っていく。

				14						
				14						
		12	13	14						
	10	12	13	14		16				
10	11	12	13	14	15	16	17	18		20

平均や散らばりの見方からデータを多面的に考察する。

> 平均を求めてみると 13.9 秒になるので，自分は平均よりもいい成績だった

> 散らばりで見てみると，このクラスは，12〜14 秒に記録が集まっている

> 測定したタイムは小数点以下を切り捨てているので，同じ 14 秒の中にも違いがある。小数第 1 位までのほうがいいんじゃないかな？

⑤学習を振り返る。

> 今度は，自分たちだけではなく，ほかのクラスのデータも集めて調べてみたいです

> 測定した数値を小数第 1 位までの概数にしたほうがもっと詳しく記録を見ることができそうです

> タイムが速いのは器用な人だと思う

🔑 しかけ 04

測定結果をカードに書く。

カードに書くことで，データを黒板に貼った際に，ドットプロットの形に動かすことができるようにする。

🔧 しこみ 02

データを記入したカードを動かし，より集団の傾向が見やすい形にしようとする態度を価値付ける。

🔧 しこみ 03

データを多面的に考察しようとする態度を価値付ける。

🔧 しこみ 04

「比較するために，ほかの集団のデータを知りたい」「測定方法をもう少し変えてみる」「データの結果から器用さという 1 つの物差しが見えてくる」など，結論から新たな問題を発見しようとする態度を価値付ける。

なぜ反復横跳びの結果は伸びているの?

● 資料の調べ方（活用）

問題 ▶▶ 計画 ▶▶ データ ▶▶ 分析 ▶▶ 結論 ▶▶ 問題

❶ 本実践の位置付け

・「資料の調べ方」の単元後

・他教科との関連：スポーツテストの実施，データの収集

時	本実践で育てる資質・能力
1	**問題** 資料から「なぜ反復横跳びの結果は伸びたのか？」と考えることができる。
	計画 「運動の習い事をしている子どもが増えたから，反復横跳びの結果が伸びた」等の仮説を立てることができる。 データの収集ができる方法について検討することができる。
	データ 「運動の習い事をしている人，習い事をしていない人の反復横跳びの結果」等，違いを分けてデータを収集することができる。
	分析 集計した結果を平均で見ることができる。
	結論 「運動の習い事をしている人は反復横跳びの結果がよい」等の仮説に対する結論を言うことができる。
	問題 「このクラスのデータだけで，結論を出してよいか。他のデータも集計してみたい」「運動の習い事をしていない人でも反復横跳びの結果が高い人がいるのではないか。散らばりで結果を見てみたい」等，結論を批判的に考察し，新たな問題を発見することができる。

② 授業の流れ

第1時のねらい

　資料から疑問に思うことを課題として設定し，要因となることについて仮説を立て，データを収集して検証することができる。

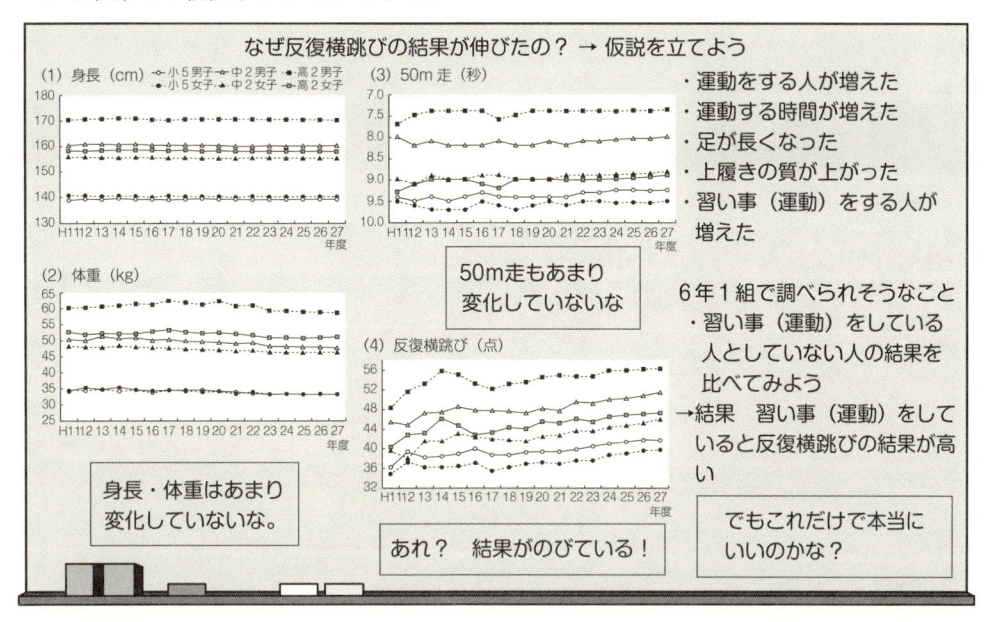

①資料から要因を考える

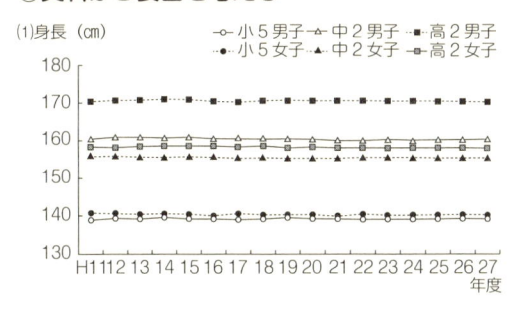

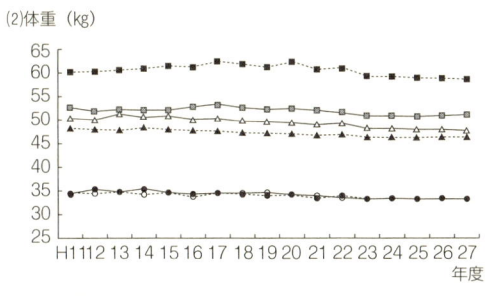

平均身長，体重はほとんど変化していません

🔍 **しかけ 01**

変化のないものを提示する。
体力・運動能力調査の中で，変化のない資料を初めにいくつか提示する。
変化していないものを提示した後，変化したものを提示すると，なぜ変化したのだろうと疑問が起こる。
本実践では，結果が一番上がっている反復横跳びを後で提示する。

(3) 50 m走（秒）

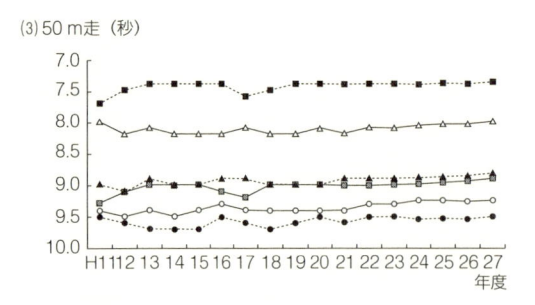

50 m走もあまり変化していません

(4)反復横跳び（点）

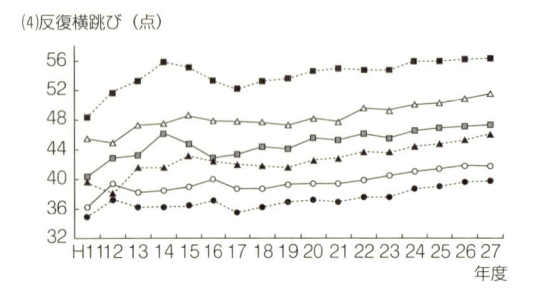

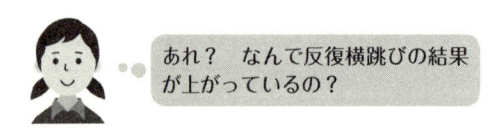

あれ？　なんで反復横跳びの結果が上がっているの？

なぜ反復横跳びの結果が上がっているのかな？

②仮説を立てる。

　自分なりに反復横跳びが上昇した理由を考え，仮説を立てる。

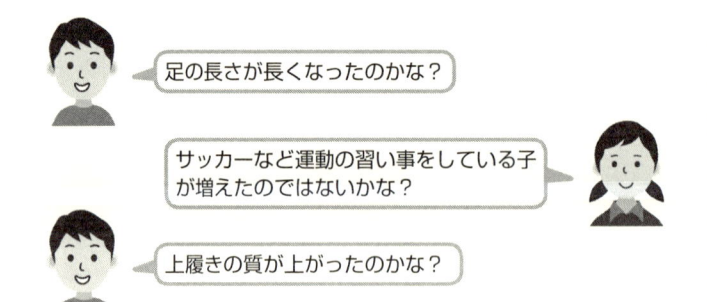

足の長さが長くなったのかな？

サッカーなど運動の習い事をしている子が増えたのではないかな？

上履きの質が上がったのかな？

🔧 しこみ 01

「え！」という驚きや「なぜ上がったのだろう？」という子どものつぶやきを捉え，理由を考えようとする態度を価値付ける。

🔧 しこみ 02

経験や知識から「サッカーなど運動の習い事をしている人が増えたのではないか」など自分なりの仮説を立てようとする態度を価値付ける。

③検証できる仮説について考える。

> データを使って仮説を検証できるかな？

 運動を習っている子と習っていない子では，反復横跳びの結果が違うのではないかな？

④データを収集する。

運動の習い事をしている子としていない子で，スポーツテストの反復横跳びの結果を平均で比較する。

（例）運動の習い事をしている子

反復横跳びの結果の平均 **48 回**

運動の習い事をしていない子

反復横跳びの結果の平均 **45 回**

⑤検証結果から結論を出し，批判的に考察する。

 運動の習い事をしている人は反復横跳びの結果がいいね。だから，運動の習い事をしている子がきっと増えたんだ

うちのクラスだけでは，わからないよ。それに，運動の習い事をしていない人でも反復横跳びの結果が高い人もいるよ

 散らばりで見るとどうなるのかな？

運動の種類によっても違うのかな？

 サッカーをしている子が結果が高い気がするけど，どうだろう？

しかけ 02

仮説を振り返らせる。検証できる仮説になっているか，仮説の立て方を振り返らせる。

しこみ 03

立てた仮説を振り返り，データを使って違いを検証できるものを選ぼうとする態度を価値付ける。
本実践では，学校の調査で既に行われたスポーツテストの結果が使えることを知らせ，個別のデータを配布する。

しこみ 04

仮説に対して結論付けようとする態度を価値付ける。

しこみ 05

「今のデータだけではわからない」「散らばりで見ると結果は変わるかもしれない」等，結論を見直し，批判的に考察する態度を育てる。

データ・アンケート

※本実践は，東京都の資料を活用したが，スポーツ庁の調査資料を活用することもできる。
出典　平成 27 年度　東京都児童・生徒体力・運動能力，生活・運動習慣等調査報告書 / 平成 27 年 10 月東京都教育委員会

(1)身長（cm）

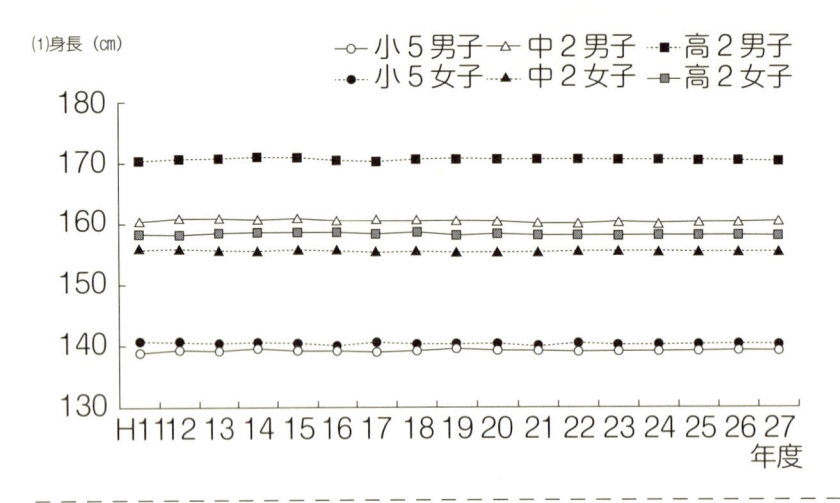

(2)体重（kg）

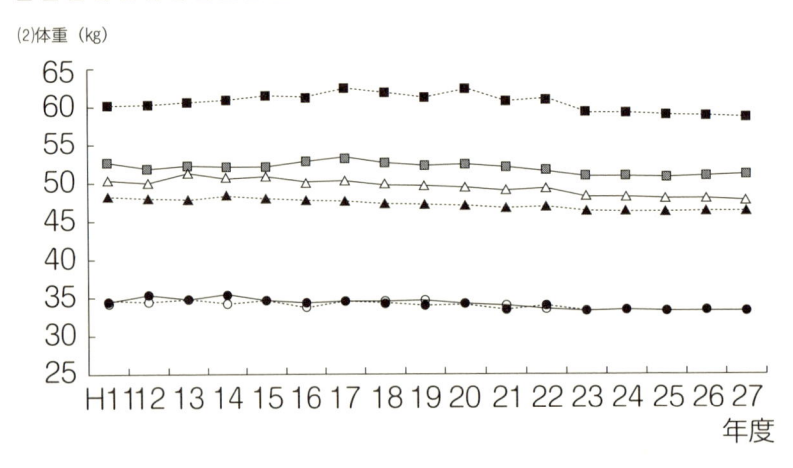

(3)50 m走（秒）

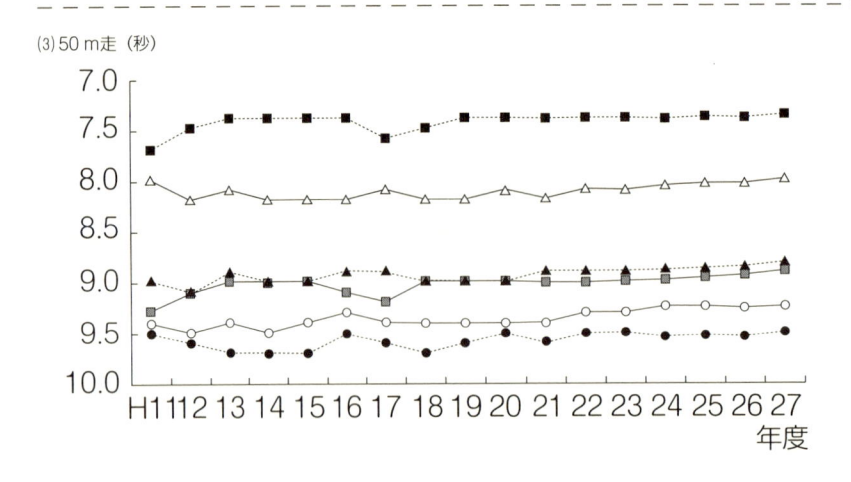

(4)反復横跳び（点）

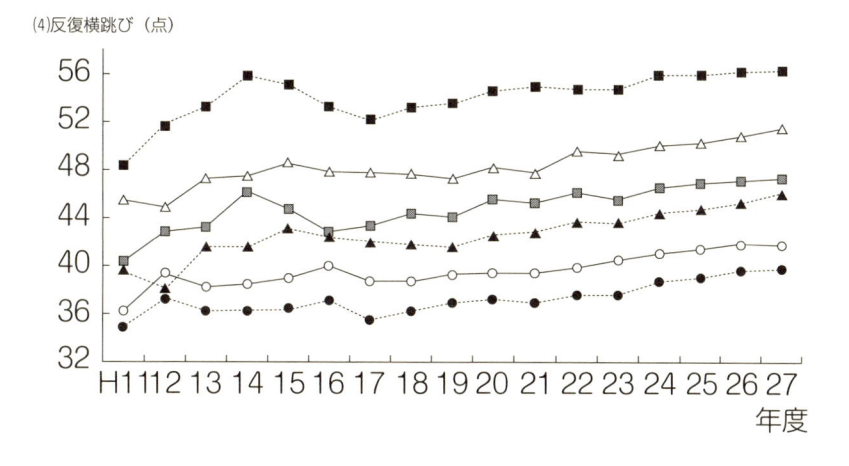

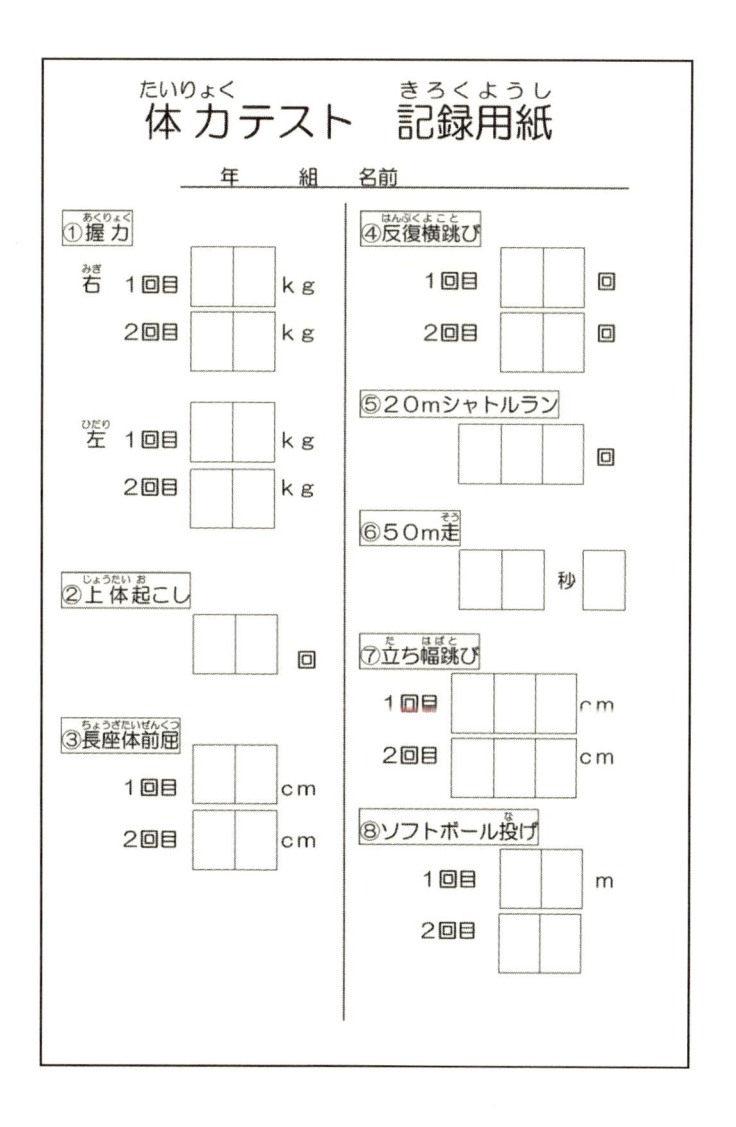

公平にチーム分けをしよう！

● 資料の調べ方（活用）

問題 ▶▶ 計画 ▶▶ データ ▶▶ 分析 ▶▶ 結論 ▶▶ 問題

1 本実践の位置付け

・「資料の調べ方」の単元後
・他教科との関連：体育科「リレー」の学習，スポーツテストの実施とデータの収集

時	本実践で育てる資質・能力	
1	問題	五十音順で分けたチーム表から「不公平さ」を感じ，「公平にチームを分けるには，どうすればいいか」と考えることができる。
	計画	「短距離走のタイムを基にチームを分ければ，公平になるのではないか」等の仮説を基に，公平なチーム分けをするために収集すべき，かつ実際に収集できるデータ，及びその収集方法を考えることができる。
2	データ	公平にチームを分けるために必要な短距離走のタイムのデータを，スポーツテストの結果から収集し，整理することができる。
	分析	集計したデータを，散らばりや平均値等で見て，できるだけチーム間の速さの差がないようにチーム分けをすることができる。
	結論	「公平にチームを分けるには，平均値を用いたり，チーム間のタイム差を小さくしたりするとよい」等の仮説に対する結論をもち，その妥当性を考える。
体育の学習	問題	実際に体育の学習をした後，「チーム分けは本当に公平であったか」ということを振り返り，批判的に考察する。そして，タイムを基にしたチーム分けの妥当性に気付いたり，「トラック1周でタイムを取ったほうが公平になるのではないか」や「バトンパスのうまさのデータを取り入れればもっと公平になるのではないか」等の新たな問題を発見したりすることができる。

❷ 授業の流れ

第１時のねらい

「短距離走のタイムを基にチームを分ければ，公平になるのではないか」等の仮説を立て，公平にリレーのチームを分けるために必要なデータとその収集方法を考えることができる。

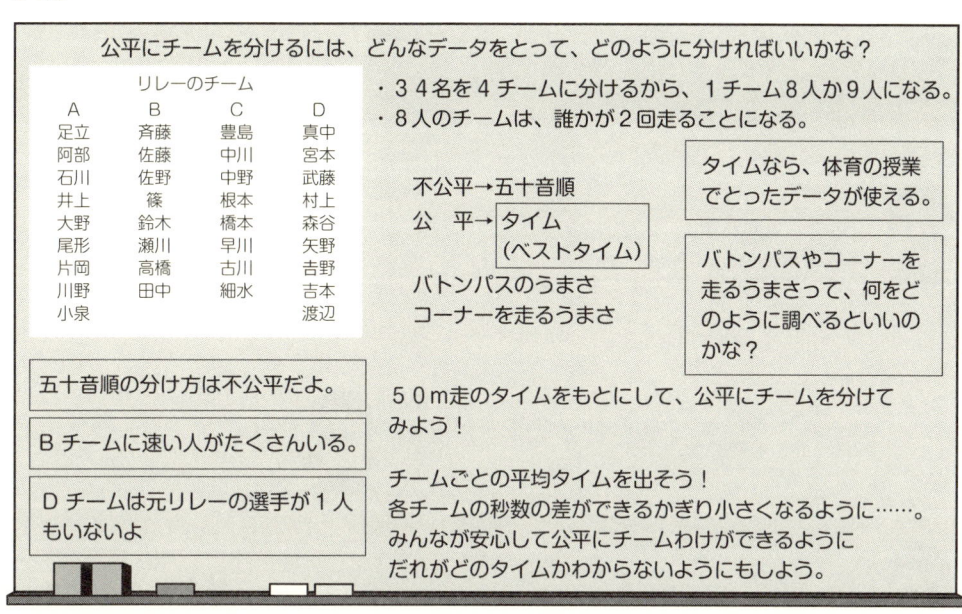

公平にチームを分けるには、どんなデータをとって、どのように分ければいいかな？

リレーのチーム

A	B	C	D
足立	斉藤	豊島	真中
阿部	佐藤	中川	宮本
石川	佐野	中野	武藤
井上	篠	根本	村上
大野	鈴木	橋本	森谷
尾形	瀬川	早川	矢野
片岡	高橋	古川	吉野
川野	田中	細水	吉本
小泉			渡辺

・３４名を４チームに分けるから、１チーム８人か９人になる。
・８人のチームは、誰かが２回走ることになる。

不公平→五十音順
公　平→ タイム（ベストタイム）
バトンパスのうまさ
コーナーを走るうまさ

タイムなら、体育の授業でとったデータが使える。

バトンパスやコーナーを走るうまさって、何をどのように調べるといいのかな？

五十音順の分け方は不公平だよ。

Ｂチームに速い人がたくさんいる。

Ｄチームは元リレーの選手が１人もいないよ

５０ｍ走のタイムをもとにして、公平にチームを分けてみよう！

チームごとの平均タイムを出そう！
各チームの秒数の差ができるかぎり小さくなるように……。
みんなが安心して公平にチームわけができるように
だれがどのタイムかわからないようにもしよう。

①五十音順で分けたチーム表から「不公平さ」を感じ、「公平にチームを分けよう」と考える。

リレーのチームを分けました

リレーのチーム

A	B	C	D
足立	斉藤	豊島	真中
阿部	佐藤	中川	宮本
石川	佐野	中野	武藤
井上	篠	根本	村上
大野	鈴木	橋本	森谷
尾形	瀬川	早川	矢野
片岡	高橋	古川	吉野
川野	田中	細水	吉本
小泉			渡辺

🔑 **しかけ 01**

五十音順で分けたチームを提示する。
五十音順で分けたチームを提示する目的は２つある。一つ目は不公平感を感じさせるとともに，公平なチーム分けをしたいという思いを引き出すことであり，二つ目は公平さが何によって決まるのか，どんなデータを取ればいいかという思考につなげることである。

えっ？　Ｂチーム、速くないですか？
元リレーの選手が５人もいますよ

この分け方は不公平だと思います

 公平にリレーのチームを分ける
にはどうすればいいかな？

②公平にするために，どんなデータを基に，どのようにチーム
　分けをすればいいか計画する。

> 公平にチームを分けるには，どんなデータをとって，どのよ
> うに分ければいいかな

 リレーなんだから，短距離走のタイム
で決めれば公平になる

 この間のスポーツテストの結果（50 m
走）を使おう

 チームによって人数が違うから，
各チームの平均タイムで比べたほ
うがいいね

 各チームの平均タイムの差は，できる限
り小さくなればいいな

 タイムだけではなくて，バトンパスの
うまさも考えたほうがいいんじゃない
かな？

 コーナーの走り方も大切のような気
がする。でも，どうやってデータを
取ればいいかわからないな……

 今回は，タイムでチームを分けてみよう！

🔧 しこみ 01

「公平性」という価値
観をもち，データで解
決しようとする態度を
価値付ける。

🔑 しかけ 02

事前に体育の授業で短
距離走のタイムを取っ
ておく。
他教科の活動と関連さ
せて学ぶことは日常の
事象から算数の問題を
つくることにつながる。

🔧 しこみ 02

平均値や散らばりとい
った資料を調べるため
の既習の観点をもって
分析しようとする態度
を価値付ける。

🔑 しかけ 03

タイム以外のチーム分
けの観点を出させてお
く。
1 時間目では扱わない
が，このような観点が
振り返り後の新たな問
題を解決することに役
立つ。

第2時のねらい

集計したデータを平均値や散らばり等で見て，できるだけチーム間の速さの差がないよう，公平にチーム分けをするとともに，この決め方が妥当だったかどうか考えることができる。

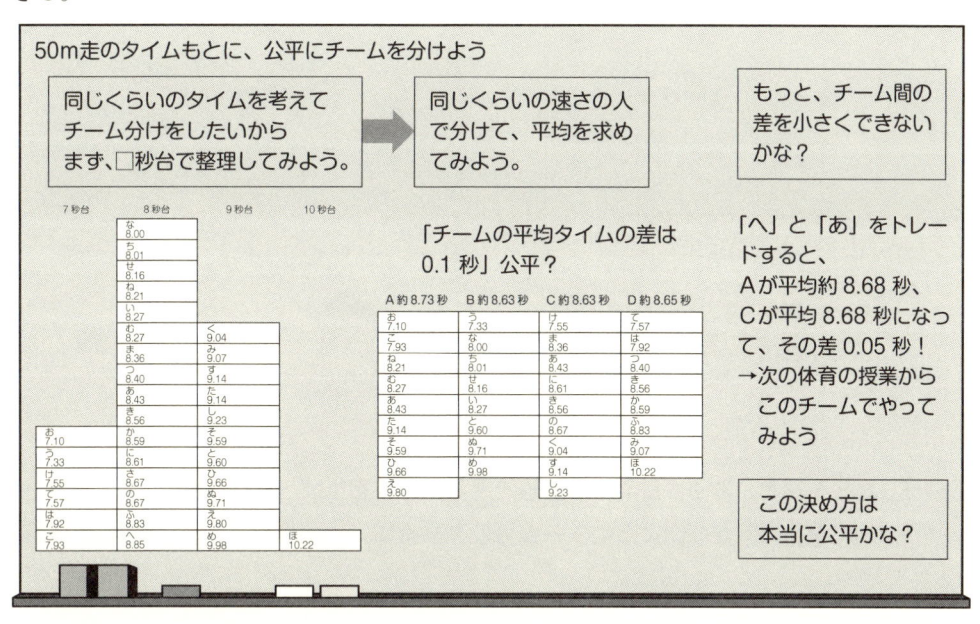

①公平にチームを分けるために，50m走のタイムのデータを
スポーツテストの結果から収集し，整理する。

50m走のタイムもとに，公平にチームを分けよう

50m走の記録です

あ 8.43	い 8.27	う 7.33	え 9.80	お 7.10
か 8.59	き 8.56	く 9.04	け 7.55	こ 7.93
さ 8.67	し 9.23	す 9.14	せ 8.16	そ 9.59
た 9.14	ち 8.01	つ 8.40	て 7.57	と 9.60
な 8.00	に 8.61	ぬ 9.71	ね 8.21	の 8.67
は 7.92	ひ 9.66	ふ 8.83	へ 8.85	ほ 10.22
ま 8.36	み 9.07	む 8.27	め 9.98	

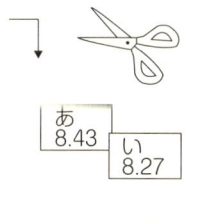

切り取ってタイム順に並べてみよう

7秒台～10秒台までいるな

🔑 しかけ 01

名前を記号（文字）に変えた50m走のタイムが書かれたカードを使う。
名前はランダムに記号（文字）に変えることによって，タイムだけで分析できるようにする。このことはタイムを気にする子どもへの配慮でもある。
切り取って使ってもいいことにする。そうすることで，操作しながら試行錯誤できるようにする。

7秒台	8秒台	9秒台	10秒台
	な 8.00		
	ち 8.01		
	せ 8.16		
	ね 8.21		
	い 8.27		
	む 8.27	く 9.04	
	ま 8.36	み 9.07	
	つ 8.40	ず 9.14	
	あ 8.43	た 9.14	
	き 8.56	し 9.23	
お 7.10	か 8.59	そ 9.59	
う 7.33	に 8.61	と 9.60	
け 7.55	さ 8.67	ひ 9.66	
て 7.57	の 8.67	ぬ 9.71	
は 7.92	ふ 8.83	え 9.80	
ご 7.93	へ 8.85	め 9.98	ほ 10.22

同じくらいのタイムを考えてチーム分けをしたいから，□秒台で整理してみたよ

②整理したデータを，散らばりや平均値等で見て，できるだけチーム間の速さの差がないようにチーム分けをする。

同じくらいのタイムでチーム分けをしてみよう

お 7.10	う 7.33	け 7.55	て 7.57
ご 7.93	な 8.00	ま 8.36	は 7.92
ね 8.21	ち 8.01	あ 8.43	つ 8.40
む 8.27	せ 8.16	に 8.61	き 8.56
あ 8.43	い 8.27	き 8.56	か 8.59
た 9.14	と 9.60	の 8.67	ふ 8.83
そ 9.59	ぬ 9.71	く 9.04	み 9.07
ひ 9.66	め 9.98	ず 9.14	ほ 10.22
え 9.80		し 9.23	

今のところ，チームの平均タイムの差は 0.1 秒。もうこれ以上は差を小さくできないね

「へ」と「あ」をトレードすると，4 チームの平均タイムの差が 0.05 秒まで縮まったよ！

✖ しこみ 01

階級別に整理したり，そのことを意識してチーム分けをしようとしたりする態度を価値付ける。

⚿ しかけ 02

整理したデータが公平に分けられているか振り返らせる。電卓を使ってすばやくデータを集計し，分析できるようにする。
ここでは計算処理よりも分析することに重点を置く。

⚿ しかけ 03

「もうこれ以上差は小さくできないね」と言う。
子どもの追究する態度を引き出す。

✖ しこみ 02

差を小さくするためにデータを調整しようとする態度を価値付ける。

③結論を出し，実践検証し，その妥当性を考える。

よし，このチームで，実際にやってみよう！

🔑 しかけ 04

実際にリレーをする。結論は「公平であった」と「不公平であった」のどちらでもかまわない。

※体育の授業後

やってみて，いい勝負だったので，公平な決め方だったと思う

でも，トラック1周でタイムを取ったほうがもっと公平になるんじゃないかな？

🔧 しこみ 03

「この分け方でよかった」と思う一方で，「データの取り方を変えるともっと公平になるかもしれない」等，結論を見直し，批判的に考察する態度も価値付ける。

🔍 データ・アンケート

① スポーツテストの50m走のタイムを活用する。
② ランダムに名前を文字に変えて，図1のようなプリントを作成する。
③ 子どもには紙で配布する。切って使ってもいいことを伝える。
④ 提示用は，黒板で操作できるように，画用紙で1枚ずつカードにしておく。
⑤ 新たにデータを取る場合は，どんなデータを取るか話し合わせて決めるといい。
　　(例) 100m走のタイム（コーナーあり），実際にリレーをしてバトンをもらってから渡すまでのタイム　など

図1

あ 8.43	い 8.27	う 7.33	え 9.80	お 7.10
か 8.59	き 8.56	く 9.04	け 7.55	こ 7.93
さ 8.67	し 9.23	す 9.14	せ 8.16	そ 9.59
た 9.14	ち 8.01	つ 8.40	て 7.57	と 9.60
な 8.00	に 8.61	ぬ 9.71	ね 8.21	の 8.67
は 7.92	ひ 9.66	ふ 8.83	へ 8.85	ほ 10.22
ま 8.36	み 9.07	む 8.27	め 9.98	

※このデータを活用して分析からの授業を行うこともできる。

6年 テレビの視聴時間の傾向は？

● 資料の調べ方（活用）

問題 ▶▶ 計画 ▶▶ データ ▶▶ 分析 ▶▶ 結論 ▶▶ 問題

❶ 本実践の位置付け

・「資料の調べ方」の単元後

	本実践で育てる資質・能力
1	**分析** 年代別のテレビの視聴時間のグラフから特徴を読み取ることができる。仮のデータから自分たちの大体のテレビの視聴時間を柱状グラフにまとめ，資料の特徴を読み取ることができる。
	▼
	結論 自分たちのデータからテレビの視聴時間の傾向についてまとめることができる（まだ結論付けられないと批判的に考察することができる）。
	▼
	問題 「1日のテレビの視聴時間だけではよくテレビを観ていると言えるか判断できない」「テレビの視聴時間の違いは何によって起こるのかな」等，新たな問題を発見することができる。
	▼
	計画 自分たちのテレビの視聴時間に関する傾向をより詳しく読み取るためのデータの収集方法について考えることができる。
	▼
2	**データ** アンケート（無記名で実施）結果を集計し，「平日と休日，習い事をしている人としていない人」等，違いを分けてデータを収集することができる。
	▼
3	**分析** 観点ごとにまとめた資料から特徴を読み取ることができる。
	▼
	結論 複数の資料から複合的に自分たちのテレビの視聴時間に関する傾向をまとめることができる。
	▼
	問題 結論を批判的に考察し，アンケートの取り方を振り返ったり，さらに細かく傾向を読み取ったりするための方法などについて考えることができる。

② 授業の流れ

第1時のねらい

テレビの視聴時間について，データを読み取るとともに，自分たちの傾向をつかむための観点について考えることができる。

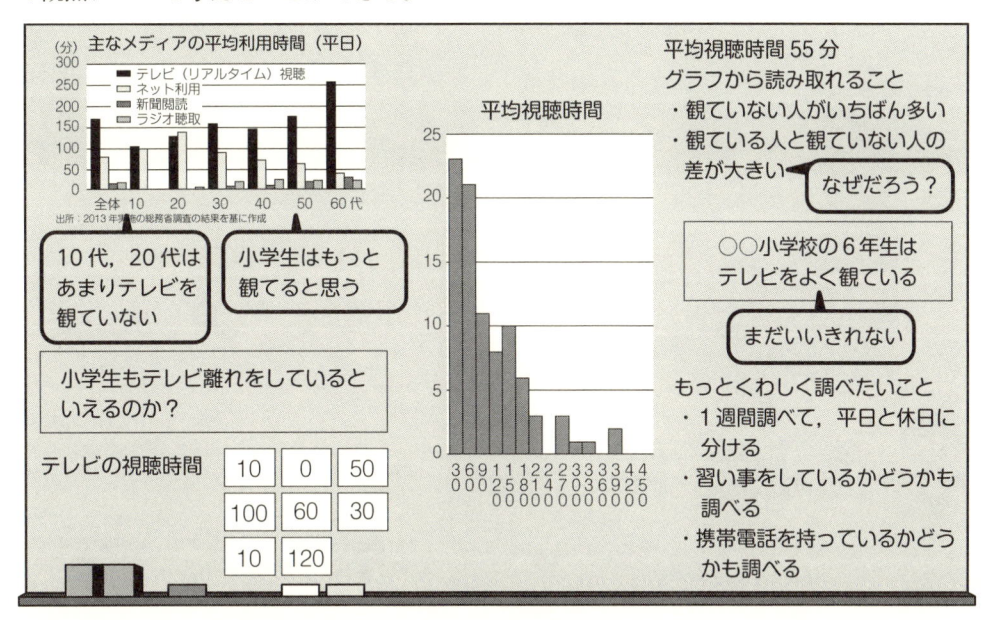

①年代のテレビの視聴時間から「若者のテレビ離れ」について考える。

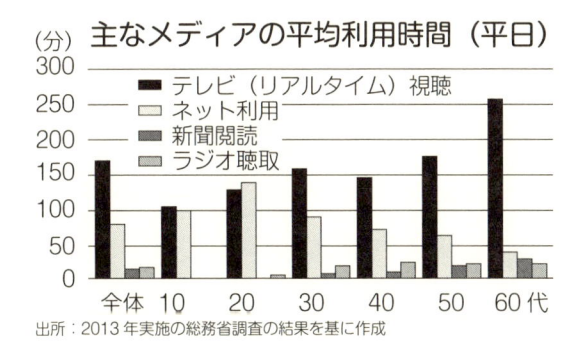

（分）**主なメディアの平均利用時間（平日）**
出所：2013年実施の総務省調査の結果を基に作成

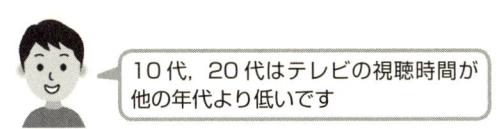
10代，20代はテレビの視聴時間が他の年代より低いです

でも，10代といっても小学生はもっとテレビを観ていると思います

🔑 しかけ 01

「若者のテレビ離れ」を示すグラフを提示し，認識とのズレを生む。小学生にとってテレビは身近なものであり，学級内でもテレビ番組の話をよくしている。10代のテレビの視聴時間は自分たちの視聴時間より短いと判断する。

✖ しこみ 01

「本当にそうかな？」と批判的に捉え，自分たちと比較して考えようとする態度を価値付ける。

② 1日のテレビの視聴時間について取った結果を提示する（学年全員を対象に，昨日のテレビの視聴時間を事前に調査）。

このままではわからないから，並べ替えたいな

平均視聴時間

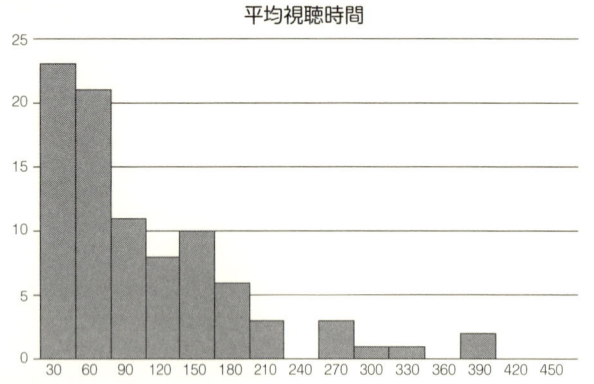

観ている人と観ていない人の差が大きいです

全然観ていない人もいるけど，平均の視聴時間は 10 代よりも長いことがわかります

③結果から妥当な結論について考える。

小学生はよくテレビを観ていると言ってもよいと思います

1 日の視聴時間しか聞いていないから，まだ判断できないです

④より傾向を読み取るためにどのようにデータを収集すればよいか話し合う。

1 週間を平日と休日に分けて，視聴時間を調べればよいと思います

習い事をしている人とそうでない人でも視聴時間は違うと思います

携帯電話を持っている人はあまりテレビを観ていないと思います

🔑 **しかけ 02**

事前に調査した 1 日の視聴時間を付箋に 1 枚ずつ書き，繁雑に提示する。

🛠 **しこみ 02**

「並べ替えたい」「30 分ずつ区切って整理しよう」とデータを柱状グラフにまとめようとする態度を価値付ける。

🔑 **しかけ 03**

「平均視聴時間が 10 代よりも長い」等の児童から引き出した根拠から，教師が意図的に結論付ける。

🔑 **しかけ 04**

グラフの読み取りだけでなく，項目にも着目させる。
問題提示場面で示したグラフは平日のものだけを取り上げて扱う。また，「ネットの利用時間」等も示すことで，その背景を考える視点となる。

🛠 **しこみ 03**

1 日の視聴時間のみで判断していることを振り返り，「1 週間の視聴時間を調べたい」「傾向を調べるにはもっと他の観点でもアンケートを取りたい」と，より詳しく傾向を調べようという態度を価値付ける。

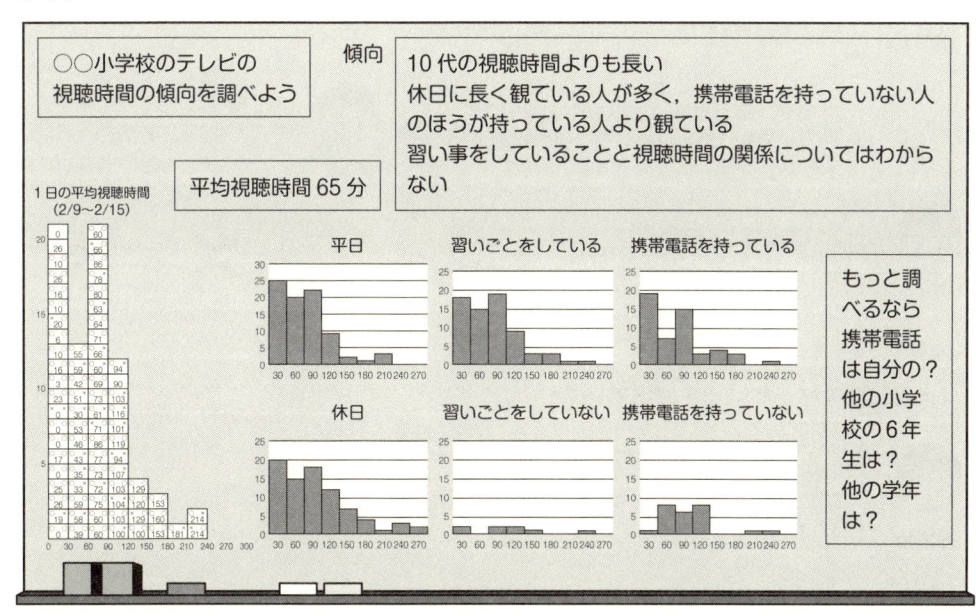

第３時のねらい

　複数の資料から複合的に自分たちのテレビの視聴時間に関する傾向をまとめることができる。

①結果から結論付ける。

【全体の傾向より】

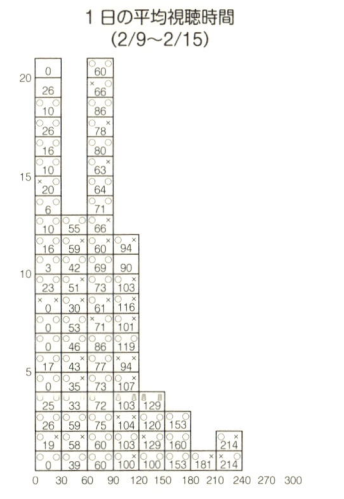

1日の平均視聴時間
(2/9～2/15)

> 10代の視聴時間よりも○○小学校のほうが長く観ていると言ってもよさそうです

②データから自分たちのテレビの視聴に関する傾向をまとめる。

【平日と休日】

> 休日もテレビを観ていない人もいるけど，平日より視聴時間は長いと言えそうです

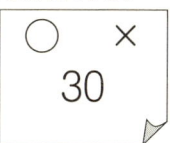

◯ しかけ 01

付箋に調べた情報を載せ，観点ごとに分類できるようにする。

○	×
30	

付箋にデータを書き出してまとめる際に，自分たちが調べた観点を入れておく。上図で言うと左上の○が習い事について，右上の×が携帯電話についてである。

✕ しこみ 01

「観点ごとに並べ替えて比較したい」「全体と比べると」等，観点別に比較したり，全体と部分で比較したりしようとする態度を価値付ける。

【習い事をしている・していない】

習い事をしている人のほうがテレビの視聴時間が短いです

でも，習い事をしていない人はすごく少ないです。結論付けてもいいのかな？

習い事については視聴時間との関係について判断できないね

【携帯電話を持っている・持っていない】

視聴時間の平均で比べると，携帯電話を持っていない人のほうが長く観ていると言えそうです

○○小学校の6年生のテレビの視聴の傾向は，平日より休日に観ていて，携帯電話を持っていない人のほうがよくテレビを観ていると言えます。習い事については判断できませんでした

③結論からデータの収集方法について振り返り，さらに追究したいことについて考える。

携帯電話といっても，自分のものか親のものか，携帯電話の種類などによっても結果は変わるかもしれません

自分の学校でしか当てはまらないかもしれないので，他の小学校とも比べてみたいです

🔑 しかけ 02

結論付けてよいデータの数か検討させる。子どもから引き出した観点であるので，見通せず，調べてみてから気が付くことも多分にある。結論付ける前に子どもたちと検討していく必要がある。

🔧 しこみ 02

「数が少ないので，これでは判断できない」と自分たちの収集方法を振り返りながら結論付けようとする態度を価値付ける。

🔑 しかけ 03

グラフの読み取りの際に，批判的に捉える考えを板書に残しておく。

🔧 しこみ 03

「もっとこうすればよかった」「もっと詳しく調べるには」等，データの収集方法を振り返り，新たに調べたいことを考えようとする態度を価値付ける。

🔍 データ・アンケート

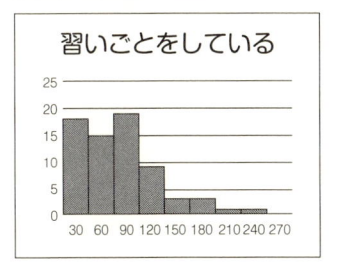

平日

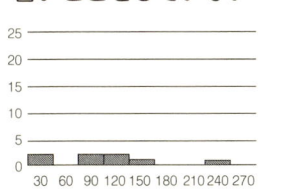

休日

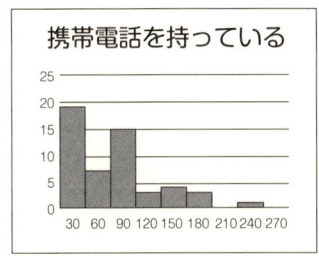

習いごとをしている

習いごとをしていない

携帯電話を持っている

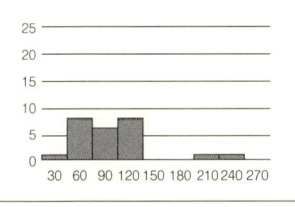

携帯電話を持っていない

テレビの視聴時間に関するアンケート

①一週間のテレビの視聴時間を書いてください

金	土	日	月	火	水	木	計	平均 (÷7)
分	分	分	分	分	分	分	分	分

②習い事をしていますか

(している・していない)

③自分の携帯電話を持っていますか

(持っている・もっていない)

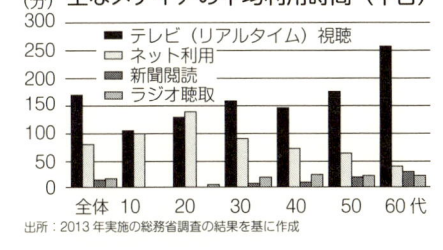

(分) 主なメディアの平均利用時間（平日）

■ テレビ（リアルタイム）視聴
□ ネット利用
■ 新聞閲読
■ ラジオ聴取

全体 10 20 30 40 50 60代

出所：2013年実施の総務省調査の結果を基に作成

「主なメディアの平均利用時間（平日）」
Nippon.com
https://www.nippon.com/ja/features/h00091/
URL　取得年月日（2018年5月20日）

　本研究会の名称は「子どもの心に『こだま』する算数授業研究会」，通称「こだまの会」。日々の算数授業研究に意欲的に取り組んでいる東京都の若い教員が集い，月に1回のペースで勉強会を行っている。会が発足して今年で5年目を迎えた。実は，この会を始めることが決定したのは，静岡の研究会から東京に戻る「こだま678号」の新幹線の中であった。そのため，昨年，本研究会が初めて発刊した書籍『すべての子どもを算数好きにする「しかけ」と「しこみ」』の表紙は新幹線をモチーフにデザインされた。そして，「『しかけ』と『しこみ』」シリーズの第2弾である本書の表紙も……。これも一つの「しかけ」である。

　「『しかけ』と『しこみ』」シリーズ第2弾として，本書では「Dデータの活用」領域に焦点をあてて提案させていただいた。「Dデータの活用」領域は2020年実施の学習指導要領に新設された領域である。だから，まだ教科書等の具体的な資料が存在しない。そんな中，新学習指導要領解説算数編を積極的に解釈し，本研究会なりに試行錯誤しながら授業研究を行ってきた。その中でも，現行の学習指導要領でも扱われている統計的な内容の指導に関する授業は「基礎編」とし，新学習指導要領で新たに示されている内容に則って取り組んだ実践を「活用編」とした。1年生から6年生まで全学年の授業実践例として「基礎編」と「活用編」を設けているが，これら個々の授業実践における「しかけ」と「しこみ」が低学年から高学年に向けて系統的につながっていくというイメージを読者の皆様にもっていただけたならば幸甚である。

　ところで，本研究会は，2017年9月に東京都の公立小学校を会場として第1回授業研究大会を開催した。大会のテーマを「すべての子どもを算数好きにする『しかけ』と『しこみ』」とし，我々の算数授業づくりの考えを世の先生方に直接問うた。大会には全国の先生方にご参会いただき，貴重なご意見を伺うことができた。それから1年。本研究会では，参会者の貴重なご意見を参考にさせていただきながら授業研究を進めてきた。

　そして，今年2018年9月15日（土）にも，昨年度と同じテーマでやはり東京都の公立小学校を会場として第2回授業研究大会を開催する。「しかけ」と「しこみ」という算数授業づくりの考えを書籍と授業研究会の双方から継続的に発信し，本研究会を更に成長させていきたいと考えている。新学習指導要領の理念は，私たち教員自身が学びに向かう力・人間性を発揮することなしでは実現できないということを念頭において……。

　最後になりましたが，本書を出版するにあたり，東洋館出版社の大場亨氏には大変お世話になりました。改めて感謝申し上げます。

2018年7月

[子どもの心に「こだま」する算数授業研究会顧問] 山本　良和

執筆者一覧

*編著者

山本 良和 （やまもと・よしかず）

筑波大学附属小学校教諭

1963 年高知県生まれ。鳴門教育大学大学院修了（修士）。高知県公立小学校，高知大学教育学部附属小学校を経て，現職

筑波大学，前橋国際大学非常勤講師，全国算数授業研究会常任理事，算数授業 ICT 研究会代表，学校図書教科書執筆・編集委員

著書に，『新版 小学校算数 板書で見る全単元・全時間の授業のすべて 6 年下』（監修，東洋館出版社，2011 年），『気づきを引きだす算数授業』（文溪堂，2013 年），『山本良和の算数授業のつくり方』（東洋館出版社，2013 年），『山本良和の算数授業 必ず身につけたい算数指導の基礎・基本 55』（明治図書出版，2017 年）他多数

*著　者

子どもの心に「こだま」する算数授業研究会

*執筆者 （所属は2018年6月現在）

尾形　祐樹	日野市立日野第五小学校：まえがき，Ⅱ章 6 年［資料の調べ方④］
山本　良和	上掲：Ⅰ章，あとがき
岡田　紘子	お茶の水女子大学附属小学校：Ⅱ章 1 年［かずしらべ①］，2 年［ひょうとグラフ①］
山田　恭子	文京区立千駄木小学校：Ⅱ章 1 年［かずしらべ②］
瀬川　　敦	日野市立日野第五小学校：Ⅱ章 2 年［ひょうとグラフ②］
田中　英海	東京学芸大学附属小金井小学校：Ⅱ章 3 年［ぼうグラフと表①④］
黒坂　悠哉	青梅市立第四小学校：Ⅱ章 3 年［ぼうグラフと表②］
山際　　潮	日野市立東光寺小学校：Ⅱ章 3 年［ぼうグラフと表③］
林谷健太郎	日野市立日野第五小学校：Ⅱ章 3 年［ぼうグラフと表⑤］
竹上　晋平	新宿区立東戸山小学校：Ⅱ章 4 年［折れ線グラフと表①］
小川　志穂	日野市立日野第五小学校：Ⅱ章 4 年［折れ線グラフと表②］
河合　智史	国立市立国立第三小学校：Ⅱ章 4 年［折れ線グラフと表③］， 5 年［百分率とグラフ④］，6 年［資料の調べ方⑥］
菅野　祥夫	小平市立小平第一小学校：Ⅱ章 5 年［百分率とグラフ①］
河内麻衣子	豊島区立高南小学校：Ⅱ章 5 年［百分率とグラフ②］
髙井　敦史	国立市立国立第三小学校：Ⅱ章 5 年［百分率とグラフ③］
大村　英視	目黒区立碑小学校：Ⅱ章 6 年［資料の調べ方①］
上月　千尋	立川市立第九小学校：Ⅱ章 6 年［資料の調べ方②］
小泉　　友	立川市立幸小学校：Ⅱ章 6 年［資料の調べ方③］
石川　大輔	荒川区立第一日暮里小学校：Ⅱ章 6 年［資料の調べ方⑤］

すべての子どもを算数好きにする
「データの活用」の「しかけ」と「しこみ」

2018（平成30）年7月14日　初版第1刷発行

編　著　者　山本　良和
著　　　者　子どもの心に「こだま」する算数授業研究会
発　行　者　錦織　圭之介
発　行　所　株式会社東洋館出版社
　　　　　　〒113-0021
　　　　　　東京都文京区本駒込5丁目16番7号
　　　　　　（営業部）電話 03-3823-9206　　FAX03-3823-9208
　　　　　　（編集部）電話 03-3823-9207　　FAX03-3823-9209
　　　　　　振　　替　00180-7-96823
　　　　　　Ｕ　Ｒ　Ｌ　http://www.toyokan.co.jp

印刷・製本：藤原印刷株式会社
装丁・本文デザイン：中濱　健治

ISBN978-4-491-03552-9
Printed in Japan